リーダーのための パーソンセンタードケア

認知症介護のチームづくり

Leadership for
Person-Centred
Dementia Care
Buz Loveday

バズ・ラヴデイ [著]
高橋誠一 [監訳]
寺田真理子 [訳]

日本語版作成にあたり、イギリス特有の制度や事柄を日本の読者が理解しやすいように同様の制度や事柄に一部置き換えています。

　また、BPSDについて、受け手側の態度が問われることを強調するためにあえて「問題行動」という言葉を用いています。こうすることで、著者の意図が日本の読者のみなさまにわかりやすく伝わることを願っております。

LEADERSHIP FOR PERSON-CENTERED DEMENTIA CARE
By Buz Loveday
Copyright © Buz Loveday 2013
Foreword copyright © professor Murna Downs 2013

First published in the UK in2013 by Jessica Kingsley Publishers Ltd.
73 Collier Street,London,N1 9BE,UK
www.jkp.com
All rights reserved
Japanese translation published by arrangement with Jessica Kingsley Publishers Ltd.
through The English Agency(Japan) Ltd.

序　文

　近年は早期診断が普及し、認知症と診断されてもすぐに介護を必要としない人が多くいます。一方、後期高齢者人口の増加にともない、なんらかの介護を必要とする認知症の人の数も増えています。今後、この傾向はさらに強くなっていくでしょう。さらに、人口減少が続くなか、担い手となる介護人材の確保が課題です。

　しかしながら、介護人材の育成もそれに劣らず大きな課題です。なぜなら、介護者の数だけ増えても、認知症の人がよりよく生きていく支援には必ずしもつながらないからです。さらに、人材育成といっても、認知症介護の研修だけでは十分とは言えません。せっかくの研修も職場に戻るとなかなか実践できないことが指摘されています。現場の介護者だけで取り組むことに限界があるのです。職場全体で取り組む必要があります。なによりも、人権を尊重し尊厳を保つには、認知症介護は特別な介護ではなく標準的なケアになる必要があります。すでにイギリスでは、パーソンセンタードケアは認知症高齢者だけでなく、広く高齢者や障害者支援の標準と位置づけられています。

　認知症のパーソンセンタードケアは、認知症を抱えた人のその人らしさを大切にするケアを行うことです。重要なのは直接本人に関わる介護者のケアのあり方ですが、実はその介護者をケアすることも大切なのです。介護者が人として尊重されなければ、認知症の本人も人として尊重されないでしょう。

　認知症介護は、身体介護と異なり、一対一のケアでは不十分です。むろん、個々の介護者の理解とスキルは必要ですが、それにもましてチームワークが要求されるからです。介護される、介護するという一方向の行為ではなく、人同士の関わりが大切なのです。仕事が効率よくできることが第一になれば、人としての関わりは余分なものと考えられてしまいます。

　本書を手に取っていただいた方は、認知症がある人のケアに携わっている方、とくに、高齢者施設や事業所で介護リーダーとして働いておられる方が多いでしょう。これまでパーソンセンタードケアを実践してきたが、さらに実践を進めるためにはどうしたらいいのか悩んでいる方、あるいは限界を感じている方かもしれません。パーソンセンタードケアを理想としていても、理想と現実のギャップに悩んでおられる方かもしれません。

高齢者施設や事業所では、介護者の負担の偏在を抑え、ケアの一貫性を維持する必要があります。この一貫性を維持するためには、共通の目標、信頼に基づいたチームワークが重要です。それをリードしていくのがリーダーシップです。例えるなら、パーソンセンタードケアが縦糸で、リーダーシップは横糸としてしっかり縦糸を支えることで丈夫な布、すなわち実際のケアが生まれるのです。むろん、利用者がそれぞれ独自であるように、それぞれの施設や事業所によって布のパターンは異なりますが、リーダーシップによってケアの一貫性は保証されるのです。

　このようなリーダーの役割は、パーソンセンタードケアを実践している人には、自然なことと思われるのではないでしょうか。なぜなら、認知症がある人を中心に人として支えていくことと介護者を人として支えていくことは、まったく同じ考えに基づくからです。そもそもパーソンセンタードケアは、認知症がある人、介護者、家族、関係するすべての人のその人らしさを尊重します。そのような一貫性のある文化に支えられて認知症がある人も社会の一員としてよりよい生活を送ることができるのです。

　認知症介護におけるリーダーにはさまざまな役割が期待されています。本書の特徴は、そのなかでも、認知症がある人に直接関わる介護者を支援するリーダーの役割に焦点をあて、リーダーのための実践書を目指していることです。パーソンセンタードケアの理念、それを実践するために障害を乗り越える方法、介護者のもっている力を生かしたチームづくり、そしてパーソンセンタードケア文化の創造の仕方が具体的に書かれています。

　本書の使い方としては、個人で読んでいただくのもいいですが、研修のテキスト、あるいは副読本としても活用できます。また介護施設や事業所での職員間の勉強会にも利用できると思います。本書のリーダーシップは組織上の管理職だけでなく、すべての職員それぞれがリーダーシップを発揮できることも大切にしています。是非、本書を活かし、パーソンセンタードケアを組織全体で取り組んでください。

2018年10月　監訳者　高橋 誠一

はじめに　～パーソンセンタードケアへと向かう旅をはじめよう～

　認知症がある人は2030年までに世界で8200万人に達すると見込まれるなか（国際アルツハイマー病協会2018年）、優先事項は、どうすれば最善のケアを提供できるかに集中することです。近年、認知症ケアは、ゆるやかながらも着実な変革を遂げてきました。認知症がある人がよりよく生きることを可能にする方法について、いまでは実に多くのエビデンスがあります。優れた革新的な実践も増えています。しかし、この変革は達成されたとはいえません。多くの認知症ケアサービスは何十年もたいして変わらないままか、変わろうとしているものの苦戦しています。

　トム・キットウッドが初めて「認知症ケアの新しい文化」について書いたのは1995年のことでしたが、この新しい文化の創造（とてつもなく大きく、手ごわいものですが、ワクワクするものにもなりえます）はまだまだ道半ばです。これは、ひとりでできることではありません。簡単に完成するものでもありません。けれども効果的なリーダーシップがあれば、どんな認知症ケアサービスも、優れた実践への道を歩むことができるのです。

　チームを認知症ケアの最善の実践へと導くには、ビジョンをもつことが欠かせません。つまり、ケアサービスの方向性、そして目指すところに到達するとどうなるのかという、明確なアイデアです。同様に、前向きな勢いを維持するためには、常にやらなければならないことがあると知っておきましょう。すべての目標が達成されても、まだやることがあるのです。

　常に新しい挑戦があり、新しいアイデアが現れます。認知症ケアのリーダーには、エネルギーと決意が要ります。認知症があるすべての人が、自尊心とアイデンティティをもち、安心して受け容れられていると感じながら、よりよく生きるよう支援する情熱と信念が必要なのです。また、チームを育て、導き、支援することによって、初めて認知症がある人のニーズを満たせるのだとよく理解しておきましょう。情熱だけでは十分ではありません。リーダーには物事を実現するスキルが求められるのです。

本書の目的

本書の目的は、認知症ケアにおけるリーダーシップの特徴を明らかにすることです。パーソンセンタードケアを育むために、「リーダーが知らなくてはいけないこと」と「リーダーにできること」に焦点をあてます。理論よりも実践に重きをおき、アイデアを現場に活かせるように豊富な事例を掲載しています。どのようなリーダーシップを担うのであれ、あなた自身のアプローチをじっくりと考えるのに役立てていただければと思います。つまり、パーソンセンタードケアを発展させ、よりよいものにするためにもっと何ができるか、何を変えられるか、どんな新しいテクニックを導入できるかということなのです。

本書の大半は、私がこれまでリーダー向けに開発し、行ってきたトレーニングコース、「公認認知症ケアリーダーシッププログラム」の内容に基づくものです。受講生が重要で役立つと評価したものを中心にしています。事例の多くは受講生から提供されたものです。本書で紹介するアイデアは現場実践のヒントになるでしょう。

トレーニングコースを受講したリーダーたちは、管理者からケアスタッフまで、さまざまな役割を担っていました。本書の読者も、幅広く想定しています。

もちろん管理者にとって重要な内容ですが、管理者だけに向けたものではありません。ケアスタッフもまた、リーダーとして主要な役割を果たすことができますし、本書はケアスタッフに向けたものでもあります。認知症ケアサービスが必要とするのは、ひとりのリーダーだけではありません。実際、あなたの事業所で本書を読み、ここで扱われる問題を検討しているのがあなたひとりではないことを願います。なぜなら、パーソンセンタードケアの文化を育てるのは、ひとりのリーダーが自分の力だけで達成するにはあまりにも大きな仕事だからです。

ケアチーム内で働く人々が発揮するリーダーシップは、管理者のリーダーシップを補完するかけがえのないものです。このような役割はよく「認知症チャンピオン*」として知られています。感化されたスタッフが指名され、認知症ケアに影響を与える特定の責任を担うのです。このようなスタッフは、認知症がある人たちとの交流

---

*訳注：認知症ケアのすぐれた知識と技術をもつ者で、同僚に情報と支援を提供する。認知症擁護者。

やそのケアにおいて模範となる立場にいます。経験の少ないスタッフの指導役となり、日常のアドバイスや励ましを与え、チームメンバーが一人ひとりを理解する手助けをします。認知症チャンピオンは、チームの仕事の現実や現在直面している課題を強く意識していることでしょう。そのアドバイスや指導は、常に現実に根差しているはずです。

内　容

　本書に登場するアイデアの多くは、とてもなじみ深いものでしょう。パーソンセンタードケアの主要なテーマをまとめ、リーダーの視点から検討しています。トム・キットウッド、クリスティーン・ブライデン、そしてグラハム・ストークスといった、私が感化された先人たちの仕事も参考にしています。社会心理学、マネジメントや教育という分野からのアイデアと、これまで出会った多くの献身的なリーダーの実践経験を加え、最後に私自身の考えを加えています。

　第1章では、認知症ケアの主要な目標を探求しています。もしあなたが人々を率いる立場なら、どこへ連れていくのかを知っておかなくてはなりません。あなたのサービスが認知症がある人たちのために何を実現しようとしているのか、明確なコンセプトをもつことが特に重要です。これらの目標のそれぞれに関連してリーダーの役割を検討し、実りをもたらすようなリーダーシップのアプローチについて、いくつかのアイデアを紹介します。

　第2章では、パーソンセンタードケアの障害を検討します。否定的な態度、役に立たない規範や時代遅れの方針などです。これらの障害をリーダーが特定し、闘えるような方法に注目します。

　第3章では、模範となることの重要性をはじめとして、スタッフに自信を与え、支援するにあたってのリーダーの役割のさまざまな側面を検証します。どのようにしてスタッフから最高のものを引き出すか、そして感情的な支援を提供することの重要性と実用性を検討します。本章の終わりでは効果的なチームワークをうながす方法を検討します。

第4章では、パーソンセンタードケアのための継続的な学習の重要性に注目します。あらゆる研修を最大限に活用し、認知症がある人との経験からスタッフが学ぶのを支援するのです。思慮深い実践をうながすための効果的なテクニックを紹介します。

　第5章では、パーソンセンタードな実践に必要な口頭や書面でのさまざまなコミュニケーションと、これらの効果を最大化するためにリーダーには何ができるかを見ていきます。それから、他の専門職とどのように前向きな仕事関係を築くか、認知症がある人の家族や友人をどのように支援し、一緒に関わってもらうかを検討します。

　第6章では、スタッフにとって挑戦となるいくつかの状況と、より充実した実践をどのようにリーダーが支援できるかを検討します。リスクが絡むときに生じるリーダーへの注目すべき挑戦を検討し、その人の最善の利益を維持する現実的な方法を考えます。

　最後に、あなたのビジョンを達成するための最初の一歩を考えられるよう、前を向いて本書を終えます。道のりは長いかもしれませんが、重要なのは、正しい方向に向かうことです。本書が役立つガイドとなることを心から願っています。

目　次

序文 3

はじめに
～パーソンセンタードケアへと向かう旅をはじめよう～ 5

第1章　パーソンセンタードケアの目標に焦点をあてよう 10
第2章　パーソンセンタードケアの障害を特定しよう 34
第3章　スタッフに自信を与え、支援しよう 56
第4章　学びの文化を創造しよう　～研修と思慮深い実践の役割～ 76
第5章　スタッフ、家族、そして専門家との効果的な
　　　　コミュニケーションを確実なものにしよう 102
第6章　協力して感情やニーズに対応しよう 124
結　論　～前に進もう～ 146

参考文献 151
訳者あとがき 156

イラスト：こうのみほこ

第1章
パーソンセンタードケアの目標に焦点をあてよう

本章の学び

- 認知症ケアの主要な目標の認識
  - 能力の二次的損失を最小化する
  - いまできることを最大化する
  - その人らしさを維持する
  - ひとりの人間としてのニーズに対応する
  - よい状態を最適化する
- これらの目標に関連するリーダーのアプローチとその役割の検討
- ビジョンを伝え、これを日々の優先順位において明らかにする重要性の理解

「リーダーとは、希望をもったディーラーである」

　　　　　　　ナポレオン・ボナパルト（ホールデン 1988 年で引用）

　ケアサービスがパーソンセンタードなものであるなら、そこに関わるすべての人一人ひとりが価値を認められるはずです——誰もが大切なのです。認知症がある人たちが中心にいて、どんなケアが自分たちに提供されるかを効果的に決めるのです。「何がうまくいく」とか「認知症がある人にとって何がいいのか」

という理論ではなく、ケアと支援を受ける人たち一人ひとりがひとりの人間として何を必要とし、望むのかに焦点をあてるのです。

ですからパーソンセンタードケアの形式は自由です。何をするかをスタッフに正確に伝えられるガイドブックはありません。何をするかを見つけ出す唯一の方法は、一人ひとりについて学ぶことを通してしかないからです。近道はありません。スタッフにはエネルギーと豊かな資質、献身が求められます。そして、自分たちがどこに向かっているのかをはっきりと理解しておかなくてはなりません。認知症がある人は必ず質の高い生活ができると理解する必要があります。そして、そこで自分たちがもつ影響力を認識しなくてはなりません。

 1.　認知症ケアの目標を理解する

トム・キットウッド（1997年）、ドーン・ブルッカー（2007年）らの仕事を通じて、1990年から2010年にかけて、認知症への理解に革命が起きました。認知症はかつてのように絶望的な診断ではないのだと、現在では広く受け容れられています。実際、英国国家認知症戦略には「認知症とともによく生きる」という名称がつけられています（保健省 2009年）。依然として治療方法はありませんが、よい状態を高め、認知症がある人の可能性を最大化するために、できることは多くあるのです。

能力の二次的損失を最小化する

認知症を引き起こす病気によって脳がどのように影響を受けるのか、少しは理解が必要ですが、認知症がある人が経験する困難がすべてこの神経損傷によるものだと考えるのは間違いです。このような考えは、「診断の影」の犠牲になることです。つまり、その人の困難はすべて診断された病気のせいだという

考えです。可動性に問題がある人が、自分を取り巻く物理的・社会的環境によってさらに不自由になることがあるのと同様に、認知症がある人が経験する困難にも、たいていは複数の原因があるのです（図1を参照）。

図1：認知症で経験する困難の原因として考えられるもの

　外部要因は、認知症の実際の症状と合わさると、さらに多くの問題となりえます。あるいは、「能力の二次的損失」（ジョリー 2005 年）となるかもしれません。

- 新しい環境は、記憶障害がある人にとって、見当識障害を悪化させる可能性が高い。
- 薄暗い照明は、認識を困難にする可能性が高い。
- 騒々しい環境は、コミュニケーションを疎外する可能性がある。
- 力を奪うケア実践（自分でできたことを代わりにやってしまうなど）によって、自分の能力を使わないために失っていく可能性がある。

上記の見当識障害、認識の困難、コミュニケーションの問題や能力の喪失は認知症の症状ではなく、能力の二次的損失です。このことを認識することは極めて重要です。認識することで改善の可能性が開かれるからです。このような能力の損失は回復させることができますし、正しい認識があれば、そもそも生じることを防げるのです。

また、その人の性格や生活史が認知症の経験にどう影響を与えている可能性があるかも考えましょう。

・・
ずっとひとり暮らしをしてきた、ひとりでいるのがとても好きな人には、介護を受け容れることはものすごくつらいでしょう。このために興奮した行動や引きこもりが生じるかもしれません。
・・

同様に、健康上の問題、感覚障害や身体障害が認知機能に与える影響を見落とさないようにしましょう。

・・
痛みがあると、集中を持続できなくなり、落ち着かなくなり、混乱が容易に生じます。暴力的な言葉や行為の主な理由の一つです。
・・

認知症がある人がうまくやっていけるように、能力の二次的損失の原因の特定と排除に継続して注目していきましょう。リーダーの役割は、真剣に考え、問いかけることです。認知症がすべての困難の原因であるという考えを拒むことです。他の原因が見つかり、これらに対応することで、その人の機能を改善させられるという信念をもって、問題に取り組むべきです。

トム・キットウッド（1993年）は、その人の実際の機能と、脳の構造的な完全性を考慮した最大限可能な機能レベルのギャップを図解しています（図2）。

その説明によれば、よい認知症ケアの課題はその人の機能を上限まで改善することです。能力の二次的損失を生じさせる原因を取り除くことは、効果的にこのギャップを埋めることになるでしょう（図3）。これは認知症がある人のケアの主要な目標のひとつです。

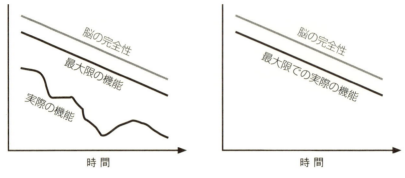

図2：認知症の経過（キットウッド1993年）　　　図3：認知症の最適な経過

いまできることを最大化する

　最大限可能な機能と実際の機能のギャップを埋めようとすることはできますが、脳の衰えを阻止することは残念ながらできません。しかし、それにもかかわらず認知症がある人がうまくやっていけるように、スタッフができることは多くあります。その人ができなくなった作業の一部をスタッフが引き受ければ、その人が「失敗する」度に経験するフラストレーションや恥ずかしさ、そして自尊心が傷つくことを緩和できるのです。そして認知症がある人ができない作業の一部をしながら、スタッフはその人が残存能力を十分に使えるようにしなくてはなりません。こうしてすべての作業を認知症がある人とともに、協力して行うことで、その人は達成感を覚えることができます（表1）。認知症があるすべての人が、その困難がどんなに大きくとも、能力と強みを備えているの

だと認識することは欠かせません。この強みを認識し、それを活かせる複数の機会を提供することで、スタッフはその人が自分自身と自分の人生についてよい気分でいられるようにできるのです。

認知症がある人	ケアワーカー
なじみのある顔を認識するが誰だかはわからない	名前と役割を自己紹介する
二つの選択肢から選ぶことができ、指さすか首を振る、うなずくことで選択を示すことができる	二つの服装を見せて、尋ねる
自分で身体を洗うことができるが、どこを洗うか、または何で洗うかがわからない	浴室に連れていき、洗面器にお湯を入れ、せっけんとタオルを渡す
服を身につけることができるが、順番に混乱する	服を着る順番に並べ、必要であれば口頭でうながす
ストッキングをはくのが好きだが、はき口がわからない、または引き上げられない	ストッキングを丸めて、はき口を広く広げて渡す

表1：協力することでいまできることを最大化する

　ここでリーダーの主な役割は、その人の強みとニーズの継続的なアセスメントのために効果的なシステムをしっかり整えておくことです。アセスメントとケアプランニングのプロセスは第5章で検討します。その人ができることとできないことについての情報が、ファイルにあるだけでは不十分だということは明らかです。その人に提供される支援はすべて、本人の能力と困難に基づくべ

きだとはっきりさせましょう。スタッフ全員が、自分の役割は「その人のためにする」のではなく「ともにする」ことだと意識しなくてはなりません。Aさんへのケアは、Bさんへのケアとは違うものになるはずです。まったく同じ能力、困難、嗜好をもつ人はふたりとしていないからです。

その人らしさを維持する

よい認知症ケアの障害となる多くの「神話」のうち、もっともたちが悪いものの一つが、認知症はその人のアイデンティティや人格を奪うというものでしょう（第2章でさらに検討します）。これは真実からかけ離れています。実際、その人がどんな人物なのか、そしてどんな人生を送ってきたのかを詳しく理解することを通してはじめて、その人を本当に理解し、そのニーズを満たすことができるのです。

だからこそ、その人についての詳しい情報を収集することが鍵となります。文化的・社会的背景、価値観や信念、嗜好や興味です。この情報があることでスタッフがその人のニーズに従って行動できるだけでなく、その人を個人として尊重し、その人の視点から物事を見て、気持ちを理解し、真剣に受け止めることができるようにもなるのです。この情報はまた、ライフストーリー*作成の出発点にも利用できます。このアクティビティは、その人の自分らしさの感覚を確認し、改善するのを手助けするためにとても役立ちます。ライフストーリーの形式にはスクラップブックから思い出の品の箱まで、さまざまな形式が

---

* 訳注：人生経験がその人をその人たらしめるにもかかわらず、認知症があると記憶やコミュニケーションの障害のために、自分にとっての重要な情報を伝えられないことがある。その際にスタッフや家族が支援して、過去の出来事を振り返りながら人生史をまとめるのがライフストーリーのワークである。その人のアイデンティティの感覚が強まるとともに、情報を分かち合いやすくなる。その人への理解やコミュニケーションもうながされるため、パーソンセンタードケアの実践につながる。

あります。認知症がある人とともに何週間も、あるいは何か月もかけて徐々に作成するものもあるかもしれません。マーフィー（1994年）が役立つガイダンスを提供しています。

　リーダーは、その人と最初に接触した時点から情報収集を優先しましょう。その人自身、家族、友人、地域の人や専門家からできるだけ多くの情報を引き出すのです。きわめて重要なのは、このプロセスに現場のスタッフが関わることです。支援する相手との信頼関係を築くなかで、自分自身のことを教えてくれるように頼みましょう。在宅にいる人を支援するスタッフは、写真や装飾品などからその人の環境に気づくことや、それらについての会話から、その人の人となりについて多くを学ぶことができます。

　認知症がある人が、言語で、非言語で、そして行動によって伝えることのすべてによく注意を払うよう、スタッフをうながしましょう。たとえば、提供された選択肢にどう反応するかは、その嗜好について貴重な情報を提供してくれるものです。認知症がある人と関わるなかでしか情報が得られない場合もあるかもしれません。

　ケアワーカーのデビー・クリスチャンは、ルビーとの感動的な話を綴っています。ルビーはスタッフの目には挑戦的な行動のリストとしか映らない、背景情報のない存在として老人ホームにやってきました。クリスチャンは、どのようにしてルビーの主観的現実の中に入り、オープンに優しく彼女に関わったかを説明しています。そうすることで、スタッフに理解されない行動の背後にあったユーモアのある、目的をもった、愛情深いひとりの人間を見つけることができたのです。

　リーダーは、症状や行動の背後にあるその人の擁護者になる必要があります。

変わらずそこに存在しているかけがえのないその人を見つけ出し、つながるためにすべての可能な手段を確実にとるのです。

　その人のことを知れば、宗教的な儀式の手助けから、洗面台にお気に入りのハンドソープがちゃんと置いてあるようにすることまで、すべての関わりが個別のものになります。そして、一人ひとりの自分らしさの感覚を維持するのに役立つのです。その人の環境もまた、その人らしさを維持するのに役立つはずです。自宅で暮らして、自分でその空間を管理している限り、環境はアイデンティティを支えるようです。しかし、その人が「サービス利用者」となり、その家にサービスが入り、専門家や介護者によって変更がなされ、その人がコントロールの感覚を失いだすとリスクが生じます。老人ホームやデイサービスでは、そこで暮らし、時間を過ごす利用者に合わせた環境であることが特に重要です。家具や装飾は利用者にとってもっともなじみ深い文化的背景、関心、時代を表すべきです。各人の部屋は十分に個別化されるべきです。ケア環境の中でどこよりも「自宅」といえるのは寝室です。自分のパーソナルスペースを思うようにコントロールできるようにするべきです。自室のドアの鍵を持ち、動き回ってどこに行きたいかを見つけ出す自由をもつのです。「職員以外使用禁止」と表示のあるトイレなど、不要な制限を設けるべきではありません。安全上のリスクから制限が本当に必要な場合は、たとえばドアを壁と同じ色で塗る（プール 2007 年）など、そういう場所を見えづらくするほうが「自分たちは締め出されているのだ」と認識させるよりもずっといいのです。リスク軽減のために環境を活用する方法については第 6 章で紹介します。

♣ ひとりの人間としてのニーズに対応する

　認知症がある人の身体的ニーズには十分な注意を払いましょう。医学的な懸念事項の把握から、栄養や衛生など日々の身体的ニーズに適切に対応するため

のケアまで、その人の身体がよい状態であるように、認知症ケアサービスはもっとも重要な責任を負っています。

　心理的なよい状態もまた重要です。パーソンセンタードケアの基本となるのは、「くつろぎ」「結びつき」「共にあること」「アイデンティティ」「たずさわること」(キットウッド 1997 年) への認知症がある人の心理的ニーズへの対応を優先することです。これらのニーズは、スタッフがコミュニケーションをどうとるか、そしてスタッフが築く関係性によって主に対応されます。

　パーソンセンタードケアは関係性に基づくアプローチです。パーソンセンタードな介護者は、その人を第一に、専門家は第二にして、人間同士として認知症がある人と関わります。すべての人は、自分が受け容れられ、理解され、重要であると感じる必要があります。認知症によって感情的にもろくなっているために、このことが一層切迫しているのです。ですからその人が家族や友人との関係性を維持できるようにスタッフが手助けすることと同時に、親しさを与えることも欠かせないのです。認知症がある人の多くは、かなりの時間を介護職と過ごすのですから。そのためパーソンセンタードケアでは、つながりを育み、敬意だけでなく愛情も示します。デヴィッド・シェアード (2007 年) が言うように、パーソンセンタードであるということは、何を「する」かではなく、むしろどういう存在で「ある」かなのです。

　このような関係性は本物、心からのものでなければなりません。つまり、スタッフは自分の個人的資質を活用し、自分の感情をもって関わるのです。そうすることでケアの仕事がはるかに充実したものになりますが、その一方で個人的に消耗する困難なものにもなりえます。スタッフが自分自身のもろさや困難な感情と直面するかもしれません。それが自分にとってどのようなものなのかを、理解してくれる誰かに聴いてもらって感情を表現できなければ、スタッフはそのような関係性を提供し、維持することはできないでしょう。そのためリ

ーダーは、スタッフを理解し、共感し、認知症がある人とスタッフが深くつながる関係性を育めるような用意が必要です。リーダーシップのこの側面については第3章でさらに検討します。

　詩人のマヤ・アンジェロウによれば、人は相手が言ったことやしたことは忘れがちだけれど、相手にどんな気分にさせられたかは必ず覚えているそうです。この言葉は認知症ケアに関わる人たちすべてに重要な教訓です。スタッフは認知症がある人の感情に深く、かつ長く続く影響を与えるのです。認知症当事者の立場から発信するクリスティーン・ブライデンは、次のようにこの点を強調しています。「記憶に残るのは、あなたが何を言ったかではなく、どんなふうに話したかということだ。私たちには感情はわかるが、話の筋道はわからない*」（ブライデン2005年）。

　だからこそ、スタッフが認知症がある人とふれあうその一瞬一瞬が重要で、前向きな影響を与えることも悪影響を与えることもあるのです。通りすがりにする簡単な挨拶から食事の介助のときの会話まで、スタッフはあらゆる機会にコミュニケーションをとりましょう。そしてこのふれあいの内容よりも相手が自分にとって大切だというメッセージを伝えることのほうが重要なのだと理解する必要があります。リーダーは前向きなコミュニケーションが優先事項だと強調しましょう。そして、実際にどのようなコミュニケーションがされているのかをしっかり認識しておきましょう。

　認知症がある人が周りの世界と関われるように、スタッフが手助けすることも重要です。私たちにとって、毎日の生活は日々の用事から娯楽、仕事まで忙しいものです。けれども対照的に、多くの認知症がある人の生活は空虚なものです。ケアを受けている状況でも、認知症がある人が関わり、忙しくしていら

---

*訳注：『私は私になっていく－認知症とダンスを－』（改訂新版）183頁より引用

> **WORK　あなたの職場では**
>
> ・認知症がある人が選択をし、何が起きているのかを十分に理解できるように明確な説明がなされていますか？
> ・スタッフは温かさとユーモアをもって話をし、もし相手が関心をもつならば自分に関する情報を分かち合う用意がありますか？
> ・すべてのケアをコミュニケーションの機会として活用していますか？
> ・引きこもっている人たちとふれあう方法をスタッフは模索していますか？
> ・どのように伝えられるのであれ、その人の感情に常に注意を払っていますか？
> ・「お母さん」と叫ぶことで表現される安全と安心へのニーズのように、一見「妄想的な」発言の背後にあるニーズをスタッフは認識できますか？
> ・スタッフはその人の行動を通して伝えられるメッセージを真剣に受け止め、理解し、対応しようとしていますか？

れるように手助けする多くの機会があります。このことの重要性をスタッフ全員が確実に理解するようにしましょう。そしてこのニーズに対応するために、認知症がある人と一緒にいる時間を使う方法を考えてもらうのです。スタッフと認知症がある人とのふれあいはすべて、身体的ケアですら、スタッフが適切な態度で臨むならば、利用者にとって刺激を得られる経験となりうるのです。何かにたずさわることを、特定のスタッフや専門職、ケア環境の責任ではなく、認知症がある人と関わるスタッフ全員の責任と捉えることがとても重要です。

- ●自分が皿を洗う間に拭いてもらえるように利用者にふきんを差し出すホームヘルパー
- ●蛇口の水漏れを修理するのを手伝ってくれるように入居者に頼む便利屋
- ●毎晩寝る準備を手伝ってもらう間に聴くCDを入居者に選んでもらうケアワーカー

大切なのはその人の能力や関心に基づくこと、認知症がある人がよく経験する低い自尊心や困難な感情への解毒剤を提供することです。その人がどれだけ多くの能力を失っていたとしても、できることは必ずあります。スタッフや他の利用者とともに何かをすることは、関係性を育むのに大いに役立つのです。

　物理的な環境も、心理的ニーズに対応するのに役立ちます。シェアード（2008年）は「たずさわること」へのニーズをどのように環境が支援できるかについて記しています。たとえば、居間を「触ったり、持ったり、いじったり、回したり、匂いをかいだり、味わったりできる日用品でいっぱいにしておくのです」。照明や席の配置、騒音レベルに注意して、お互いに楽にコミュニケーションがとれるようにしましょう。また、集団の環境が多様性を提供します。おしゃべりをしたり、くつろいだり、ひとりでいたり、誰かと一緒にいたり、何かに専念したり、テレビを見たり、外を見たりできる異なる場所があることも重要です。外の空間をすぐに利用できることも大切なことです。そこにいることで最大限の喜びと刺激を得られるように庭を設計することもできます（チャルフォント 2008 年）。

よい状態を最適化する

　哲学者ウォーノック女性男爵が、認知症がある人の大多数は「現在の状態が続くよりも死ぬほうがずっといいだろう」（BBC ニュース 2008 年）という意見を述べ、彼らが必要とするケアによって「人の人生を無駄にしている」（ベックフォード 2008 年）とほのめかしたとき、ウォーノックは基本的なことを理解していなかったのです。つまり、認知症で高次の精神機能が衰えたからといって、人間の価値とその生活の質はそんなことで損なわれるものではないのです。人の存在意義は、単に何かを達成することではありません。

　生活の質を決める主な要因は、何ができるかよりも、どのように感じるかで

す。人生においてもっとも前向きな感情を味わったときを考えてみると、多くは認知能力に関係なかったと気づくでしょう。たとえば、愛されているとわかっていることから生じる温かさや安心感、耳を傾けてもらい、尊重されたときに経験する自尊心です。認知症がある人たちの大半もまた、これらの感情をもっています。提供される支援が、身体的ニーズと同様に心理的ニーズも満たす限り。こうしてスタッフが認知症がある人のニーズを十分に満たせるようになると、より高いレベルのよい状態を生み出せるでしょう。これを経験することはスタッフのとてつもない励みになり、やる気になるものです。そのため、どのようなしるしを探すべきかをスタッフが把握し、よい状態と前向きな関わりに強い相関関係があることを理解することはとても重要です。

　すでに検討したように、認知症がある人のケアにおける二つの主な目的は、可能な限り高いレベルでうまくやっていけるようにすることと、その人らしさを維持することです。ここから導かれるリーダーの究極の目標は、たとえ認知症が進行してもその人のよい状態を維持することです（キットウッドとブレディン1992年a）。これは図4で示しています。

　認知症がある人がよい状態の感覚を経験していると認識できる方法の一つは、その人が世界とどう関わるかを観察することです。よい状態にあれば、周囲に注意を払い、はっきりとした目的をもって行動する傾向があります。たいていは他者に関心を示し、おそらくは手助けをしようとするでしょう。自信があるしるしを探すこともできます。残存能力を活かして何かをしていたり、他者と言語や非言語でのコミュニケーションを始めていたり、音楽やダンスを通じてクリエイティブに自己表現をしていたり、というように。また、自尊心がある様子から、その人のよい状態に気づくこともできます。おそらくは自分のプライバシーに関心を示すことを通じて、または自分が達成したことや外見への自負を通じて。よい状態にいる人は、自分自身の生活をコントロールしてい

る感覚があるでしょう。その人は自分の存在を感じさせ、望みやニーズを示そうとするので、私たちもそうとわかるのです。その人は私たちが彼らに望むことに協力するというよりも、私たちがその人に協力することを主張します。よい状態にとって欠かせないのは、他者との関係です。その人が他者とつながる方法を見つけ、愛情を表現し、ユーモアを示し、信頼と満足とくつろぎを経験することです。

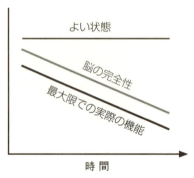

図４：よい状態を維持する

ベティは毎朝の支度をするために在宅介護を受けていますが、よく知らないヘルパーが派遣されると、支援を拒否して追い返してしまいます。いったんデイサービスに到着すれば、ワゴンを押して空のカップを集めたりと忙しくしています。他の利用者とおしゃべりをして、ときには冗談も言います。ベティーが服装を整えたり髪をとかしたりしているのをよく見かけます。

よい状態とは、その人が絶え間なく幸福でいることを意味するわけではありませんが、ずっと落ち込んでいたり、心配だったり怒っていたりということではありません。もしこういう状態の人がいれば、気にかける必要があります。その人はよくない状態にあり、心理的または身体的ニーズが満たされていない

からです。リーダーは、サービスを利用する認知症がある人がよい状態であることに責任を負っています。満たされているニーズと満たされていないニーズのしるしを素早く認識し、一人ひとりがどのようにしているかに敏感になりましょう。よくない状態のしるしを示している人がいたら、それは避けられない衰えなのだと考えるのではなく、よい状態を高める方法を探そうと決意を固めましょう。

　もちろん、これはリーダーがひとりでできることではありません。認知症がある人がよくない状態とよい状態を示す異なるしるしをスタッフが認識し、これらを探すようにうながしましょう。よくない状態のしるしを目撃し、それが認知症の症状ではないと気づくことができれば、その人の満たされていないニーズを特定して対応しようという決意をチーム内で育むことができます。よい状態のしるしを目にすることで、自分たちの仕事は間違っていないと確信でき、明らかな結果が出れば、よい仕事をしようというモチベーションがぐっと高まります。

　さらに、よい状態のしるしとよくない状態のしるしを探すことで、スタッフは認知症がある人のコミュニケーションや行動をこれまでとは違う目で見られるようになります。以前には問題と考えられていたこと、たとえば、面識のない新しいホームヘルパーからの介護を断固として拒否する人を、「自分の望みをはっきりと表明し、自尊心を示しているのだ」と、前向きに捉えることができるでしょう。その人の望みやニーズに従ってケアを提供する方法を見つけるのは、介護事業者側にかかっています。

　ブラッドフォードのよい状態のプロフィール（ブラッドフォード認知症グループ2008年　一部を表2で再現）のようなツールを定期的に使用することは、見逃してしまいがちなしるしや、気づかれないままになるゆるやかな傾向にスタッフが注意を払うのにとても役立ちます。

名前：＿＿＿＿＿＿＿＿＿　監督者：＿＿＿＿＿＿＿＿＿　日付：＿＿＿＿＿＿

前向きな指標	強 い	弱 い
1. 欲求、ニーズや選択を伝えることができる		
2. 他者と接触する		
3. 温かさや愛情を示す		
4. 日常生活で喜びや楽しさを示す		
5. 注意力、反応		
6. 残存能力を使う		
7. クリエイティブな表現（例：歌、踊り）		
8. 協力的、または手助けをする		
9. 人々／状況に適切に対応する		
10. 適切な感情を表現する		
11. くつろいだ姿勢やボディランゲージ		
12. ユーモアの感覚		
13. 目的意識		
14. 自尊心のしるし		

表2：ブラッドフォードのよい状態のプロフィール
〈前向きな指標のソース：ブラッドフォード認知症グループ（ブラッドフォード大学　2008年）の許可を得て再現〉

2. スタッフをやる気にさせ、指導する

　認知症がある人は、その障害にかかわらずよりよく生きることができます。そしてそれを実現する責任はリーダーにあります。リーダーシップとは、単にチームを管理することだけではありません。実際、リーダーは管理者の立場ですらないかもしれません。リーダーシップはむしろ、ビジョンをもつこと、そしてそれに向かう動きを引き起こし、指導していくことなのです。

　リーダーには、チームから信頼され、尊敬される必要があります。ですからパーソンセンタードなリーダーシップは権威を行使することではなく、言行一致すること、関わること、そして有言実行することなのです。『認知症のパーソンセンタードケア』（原書1997年）でトム・キットウッドが述べているのは、認知症がある人のその人らしさを大切にすると表明している組織は、スタッフのその人らしさも大切にすると表明しなくてはならないということです。つまり、リーダーは各スタッフの経験や感情に耳を傾けて対応しなければならず、判断ではなく共感をもってそうしなければならないということです。パーソンセンタードなリーダーは自分を高みに置いておくことはしません。スタッフが自分の戦略を生み出し、自分の答えを見つけ、自分のスキルと洞察を育てることができるように働きます。スタッフをひとりの人間として、そして仕事への貢献によって認めます。各スタッフがリーダーに何を求めているかを理解します。これらのリーダーシップの側面は以降の章で検討します。

共通のビジョンをつくる

　最近では組織がビジョンやミッションステートメントをもつことが当たり前になりました。両者の相違は、ミッションステートメントが組織の目標に焦点

をあてるのに対し、ビジョンはその強い願望に焦点をあてることです。けれどもこれらはキャッチフレーズに過ぎないことがあまりに多いのです。たとえば「パーソンセンタード」という言葉もあまりに頻繁に使われています。あまりに多くの異なるものを意味し、その意味をすっかり失ってしまう危険があります。キングス・ファンド＊の選択、尊厳、敬意、自立とプライバシーの原則（1986年）は、認知症ケアについて語る言葉に長らく盛り込まれてきましたが、悲しいことに、実践は矛盾していることが頻繁にあるのです。

　ビジョンが単なる言葉以上のものになるには、達成できると情熱をもって信じる具体的な目標に基づく必要があります。パーソンセンタードなリーダーにとっての課題のひとつは、その希望や野心が十分に人々と共有されていないことがあまりに多く、「はい、でも……」という考え方がはびこっていることです。そこでは、目標を達成するための障害が乗り越えられないと考えられています。けれどもリーダーの提示する未来のビジョンがもっと強力ではっきりとしたものであれば、そしてそのコミュニケーションがもっと心に訴えるものであれば、スタッフは「はい、では……」ともっとやる気になります。はっきりと説得力のあるイメージをつくりだせれば、そしてそれを皆が見て感じられるようにはっきりと伝えられれば、推進力とエネルギーを生み出します。スタッフが自分の日々の仕事のあらゆる側面をどのように見るか、リーダーはそれを手助けします。つまり、スタッフのどの仕事も、最終的にはこのビジョンに奉仕するものなのだと。効果的なチームワークはこのような共通の目標を土台にしています。そこでは個々人が自分の個人的責任と役割を十分に理解しています。

　ビジョンの創造に一人ひとりが果たす役割が大きいほど、ビジョンは実現しやすくなります。チームで行うとよい強力なアクティビティにビジュアライゼ

＊訳注：イギリスのヘルスケア改善を目的とした慈善団体

> **WORK** ビジュアライゼーション
>
> これが未来です。――目を閉じて想像してみてください。あなたは、現在働いているケア環境を訪れています。あなたがいま起こしている変化から始まった前向きな勢いが続き、利用者の生活に関して夢見たことはすべて達成されています……本当に素晴らしい場所です……利用者もスタッフもこれまででもっともよい状態にあります……認知症がある人たちはこれ以上ないほどよい生活をしています……玄関から入って周りを見回したところを想像してください……認知症がある人たちが何をしているのが見えますか? スタッフは何をしていますか? ……その場所にいて、まわりを見ると……何が起きていますか? ……何を感じますか? ……それでは建物の中を歩いてみましょう……何が見えますか? ……何が聞こえますか?

ーション・エクササイズがあります(上記のビジュアライゼーションの欄を参照)。それぞれが自分たちのケアサービスのユートピア的未来を夢見てみるのです。このように解き放たれた想像力が生み出すものは、自己満足や悲観主義への強力な解毒剤になってくれます。

優先順位を明確にする

　ビジョンが共有されると、皆が同じ方向に向かいます。また、日々の優先順位に共通の理解が生まれます。たとえば、施設のスタッフ全員が、ベッドを調えるよりも入居者の感情的なニーズに対応するほうが重要だと評価するでしょう。うまくいった食事の時間というのは、できる限り早く済ませたものではなく、入居者同士の社交があり、ゆったりとした時間をかけたものだとわかるでしょう。

　優先順位を明確にするのはリーダーの仕事です。すべての上級スタッフが口頭で伝える指示に一貫性があることを確認しましょう。また、組織の方針や手順を述べた書面でも、優先順位が明白であるようにします。もし組織のビジョ

ンが内部で日々行われる活動を導くものなら、書面にもビジョンを反映するべきです。健康と安全のための手順には、移動の自由と合理的なリスクをとることを支援するための手段を含めましょう。一人ひとりのケアプランは包括的なもので、その人の困難や障害と同様、強みと能力に焦点をあてたものにしましょう。そして、隙のない内部告発制度から明確で効果的な懲戒処分まで、サービス利用者の権利を守るための行動に関する明確な指針が必要です。

　優先順位を明確にするとなると、採用手順はとりわけ重要です。職務説明書では、認知症がある人とのコミュニケーションがすべての職務の中で主要なものであると明記するべきです。求められる人物像では、パーソンセンタードであるために必要な資質と能力を記述しましょう。たとえば忍耐、共感、敬意と熱意は必須の資質ですから、「必須の基準」として列挙すべきです。採用プロセスにおいてこれらの資質をどのようにして引き出すかを考えることは重要です。可能であれば、認知症がある人に採用プロセスに関わってもらうといいでしょう。採用が見込まれる人を認知症がある利用者に紹介するのです。その人の態度を評価できる経験豊富なスタッフが施設内を案内する折におそらく行えるでしょう。可能であれば、認知症がある人に面接委員に入ってもらうことも大変有益です。

　ふさわしい人を見つけるには、求人広告の文章や面接の際の質問はとても重要となります。たとえば、ある施設では、「ダンスはできますか？」と応募者

WORK

組織内のケアスタッフに求められる人物像を検討してみましょう。
パーソンセンタードケアに必要なスキルと資質をもっていますか？
職務定義書は認知症がある人の心理的ニーズにどう対応することが期待されるかを記していますか？

に尋ねました。採用の可否を決めるのはダンスの能力ではありませんが、質問への答えがその人の態度について確実に何かを示しています。「いいえ、でも歌なら歌えます！」というのは、自分の特技を仕事に活かす準備ができていることを示しています。一方で、「ケアの仕事の面接だと思ったんですけど」というのは、求められる態度とはかなり違っているでしょう。

　多くの組織ではケアの仕事の経験者を要求しますが、これが本当に必要な基準なのか、または望ましい基準なのかを検討するべきです。前職で悪い習慣が身についているかもしれません。第2章で検討するように、悪い情報を「捨て去って」習慣を変えるのは、最初からよい知識とアプローチを学ぶよりももっと大変なことです。パーソンセンタードケアに真剣に取り組む組織では、認知症ケアに経験のないスタッフを採用することが、悪い習慣の身についていないスタッフを確実に採用する最善の方法だと認識するようになってきました。

3. それを可能にする

　優先順位を明確にするだけでなく、十分な時間と人材を割り当てることでそれを可能にしなければなりません。けれども第2章で検討するようにパーソンセンタードケアには多くの障害があります。そして人材不足は通常そのリストの最上位にあります。限られた予算と不十分な時間でパーソンセンタードな哲学を実現するには、巧みでクリエイティブなマネジメントが必要です。

●十分なスタッフがいないために、食事の時間にせかされている入居者がいることに、施設の管理者が気づきました。スタッフ数を増やす予算はありませんでしたが、彼女は効果的な解決方法を見つけました。食事の時間を二つに分けたのです。

● 別の施設では、昼ではなく夜にたっぷりと食事をとるように変更しました。以前は、多くの入居者は重い昼食の後で午後は眠って過ごしました。そのため夜に落ち着きがなくなり、ときには興奮するのに、スタッフは他の入居者の就寝の世話で忙しくて対応できませんでした。主な食事の時間の変更によって、この問題が解決しました。

パーソンセンタードな実践が確実に優先されるためには、柔軟な思考が重要です。ときには、役に立たない手順や日課に気づいて変更することで、スタッフの時間が自由になり、もっと効果的にニーズに対応できるようになります。たとえば、多くの施設では、決まった朝食時間のために朝の身の回りのケアがせかされています。朝食の時間を長くとることで、入居者とスタッフ双方のストレスを軽減できるでしょう。ヘルパーの訪問時間の延長はできなくても、訪問時間の変更など、可能なことで改善できることはあるでしょう。

ヘルパーのコーディネーターは、ある利用者への午前の訪問を午前9時から午前8時に変更しました。こうすることで、入浴のために服を脱がせようと利用者と争う代わりに、まだ寝間着姿のときにヘルパーは到着して利用者をお風呂へとうながせるのです。

このように、ビジョンの達成に向けてチームをまとめて、支援するために、リーダーは日々の実用性や個々の状況に注目し続けなくてはなりません。ケアの文化を一夜にして変えることはできません。ビジョンとは旅の方向を決定するもので、遠くにあるものです。そこに至る旅で、リーダーはスタッフがどのように最善を尽くせるかをクリエイティブに考え、目の前の人材が最大の利益をもたらすようにきちんと活かしていきましょう。

本章の要点

要 点	リーダーがすること
パーソンセンタードケアは高度に柔軟で、目標によって導かれる	目標について話し続け、スタッフが自分の仕事を全体像の中で位置づけられるようにする
認知症がある人が経験する困難は、一連の要因によって生じうる	困難の原因を探して、対応するようにスタッフを指導する
認知症がある人と協力することで、スタッフはその人がいまできることを最大化する支援ができる	利用者の能力とニーズが把握され、スタッフは「ともにする」のが自分の役割だと把握することを確認する
認知症がある人がその人らしさを維持する支援が優先事項である	スタッフが一人ひとりについて学び、ケアと環境をその人に合わせられるようにする
心理的ニーズへの対応を優先事項と見なす	スタッフが前向きな関係を築くのを支援し、一人ひとりとの時間の最善の活用方法を見つける手助けをする
認知症ケアにおける究極の目標は、よい状態を高めることである	よい状態とよくない状態のしるしを認識し、スタッフもこれを認識できるようにする。よい仕事を評価し、ニーズを特定するのにこのしるしを利用する
パーソンセンタードケアには、パーソンセンタードなリーダーシップが必要である	自分のリーダーシップのアプローチを熟考し、スタッフにしてほしいことを確実に示す
リーダーはそのケアサービスのビジョンを明確に定義すべきである	目標が達成されたらどうなるのかというはっきりとして説得力のあるイメージをつくり、説明する
ビジョンは日々の優先順位と手順を導く	たとえばスタッフの採用時など、優先順位を明確にし、確実に実行できるようにする

第2章
パーソンセンタードケアの障害を特定しよう

本章の学び

● パーソンセンタードケアにおいて障害となるものの認識と、リーダーとしての自分の役割の特定
 ・否定的な態度
 ・集団の規範
 ・個人の習慣
 ・絶望
 ・役に立たない方針、手順や制度
 ・限られた資源
● 何を変える必要があるのかという意識をうながすために、観察と話し合いがいかに役立つかの理解

　パーソンセンタードなリーダーシップには、次のものが必要です。オープンな心とオープンな頭。正直でオープンに内省をするという約束。そして、すべての情報源からのフィードバックに耳を傾け、どこに問題があるのかを認識して認める態度。現実の世界には完璧なものは存在しません。自分のケアサービスに改善の余地はないと感じているリーダーは、自己満足に陥って改善できる

側面があることに気づいていないのです。

1. 障害を認識する

　パーソンセンタードケアには複数の障害があります。リーダーシップの中心的な役割は、障害を特定して取り除くことです。これは容易なことではありません。障害には、個人の根強い信念から年齢差別主義まであります。この差別主義は制度や手順において明白で、認知症ケアの多くの側面で明らかです。

　トム・キットウッドは害を与える17種類のケア実践を「悪性の社会心理」と名づけています（キットウッド1997年）。これには「子ども扱い」「あざけり」「せかすこと」が含まれます。悪意をもって故意にされることはまれですが、これらの実践は悲しいことに依然として認知症ケアの現場にはびこっていて、認知症がある人のよい状態を損ない、その人らしさや能力をおとしめているのです。このようなよくない実践の理由とパーソンセンタードケアの障害の性質を理解していきましょう。

否定的な態度

　まずはスタッフのことを考えましょう。認知症がある人と日々やりとりをしている一人ひとりのスタッフと、その仕事への態度、そして利用者への態度です。態度は、知識や信念などによって影響を受けます。たとえば、認知症の症状についての理解が欠けているために、その人がわざと気難しくしているのだという誤った考えをもってしまうかもしれません。その結果、キレやすくなり、そっけない行動や虐待にすらつながります。認知症が脳に与える影響は外側からはわかりにくいため、誤解されやすいのです。その損傷がもっと目に見えるものであれば、そうはならなかったでしょう。ですから、認知症という病気に

ついての知識は、その人の困難を理解し、共感的な態度を育むのに重要なのです。

けれども必要とされるのは、神経損傷とその症状についての知識だけではありません。実際、他の情報のほうがはるかに重要なのです。それは、ケアを受けている認知症がある一人ひとりについての知識です。

> もしマムードのケアをするとしたら、彼をよく理解する必要があります。どんなふうに生きてきたのでしょうか？ 彼にとって何が重要だったのでしょうか？ 彼の人生を形づくった主な出来事、人物、仕事、達成したことや習慣は何でしょうか？ 彼の性格、感情、文化、宗教、性、ものの見方、関心、嗜好、迷信、恐怖症や関係性について、どんなことがわかるでしょうか？

パーソンセンタードケアを実践できるのは、マムードのケアにおいて、この知識を収集、活用する継続的なプロセスにスタッフが熱心に取り組んでいる場合だけです（継続的なアセスメントと強みに基づくケアプランについては第5章で詳述します）。その人の人生について何かを発見するという一見単純な行為には、もっと大きな意味があります。それは、スタッフの態度にとても深く影響を与えることがあるのです。スタッフは、認知症の背後にいる、その状況とともに生きているその人を認識し、理解し、十分に認められるようになるのです。

注目すべきは、認知症について学ぶためには、まず「学んだことを捨て去る」必要があるということです。認知症についてかなり知っていると自負している人たちですら、誤った情報や否定的なことにさらされてきているでしょう。メディアで見聞する情報の大半は、認知症がある人はアイデンティティや価値、そして質の高い生活を送る可能性も失うかのようにほのめかします。認知症は、

たとえば、人からアイデンティティを奪うものとして（ソーシャルケア評価機構(SCIE) 2009年）、あるいは「身体を残した死」(キットウッド 1997年) として表現されます。このように否定的な認知症への見方がはびこっていて害をなし、意見に影響を及ぼし、絶望感を生み出しています。これはケアのアプローチに不幸な影響を及ぼすでしょう。結局のところ、もしアイデンティティを失ってしまっているなら、その人を知ることに何の意味があるでしょう？ 身体以外はすべて死んでいるなら、どうして感情的なニーズがあるというのでしょう？

　残念ながら、認知症についての破壊的な見方を続けているのはジャーナリストだけではありません。医師などの医療従事者から否定的な意見を聞くことも依然としてよくあるのです。アルツハイマー病のような一次性認知症には治療法がないため、予後に悲観的になるのは理解できますが、往々にして認知症とともによく生きる可能性までも否定されてしまいます。一般的に医師の意見は重んじられるため、とても影響力が大きいのです。ですから「彼女のためにできることは何もない」という医学的判決はスタッフの潜在意識にたやすく刷り込まれてしまいます。その結果、社会的なケアのアプローチにかなり深く影響を与えるのです。

　スタッフのやる気も、利用者への一般的な見方によって影響を受けるようです。結局のところ、「何もできることはない」相手のケアをしていると思えば、自分の仕事はありふれた重要でないものだと感じるでしょう。多くのスタッフは自分自身を「単なるケアワーカー」だと認識しています。やる気も低く、努

WORK
- メディアで認知症についてどんな言葉やフレーズに遭遇しましたか？
- これらは認知症とともに生きる人への態度にどのように影響を与える可能性があるでしょうか？

力をしたりクリエイティブになったりするように駆り立てるものもほとんどありません。リーダーは、こういったケアに関わるスタッフが経験する感情に敏感になりましょう。なぜなら、スタッフが利用者や同僚、そして自分の役割についてどう感じているかが、その態度やアプローチに影響するからです。この点については第3章でさらに検討します。

エイジェンとフィッシュビアン（2005年）はこう説明しています。「暗黙の態度（自動的に作動する）は、コントロールされたプロセスによって覆されない限り、デフォルトで行動を導く」。そのためリーダーが研修やコーチング（第4章で検討します）などの「コントロールされたプロセス」を実施して、スタッフの暗黙の否定的な見方を振り払い、利用者の生活の質を高めるためにどれだけ大きな可能性があるかを認識し、自分たちの仕事でどれだけ多くのことが達成できるかを認識できるよう、確実に支援しましょう。

集団の規範

1990年代初頭から、多くの感動的な文書や研究によって、認知症ケアにおいて何が可能なのかについて、これまでとは違う前向きな姿が訴えられてきました。認知症がある人のケアは、ワクワクする、革新的で、そして実りの多い仕事として現在では広く認識されています。認知症ケアの分野に参入する人たちの多くは、最近では前向きな展望をもって仕事を始めることでしょう。けれども多くの施設や認知症ケアサービスでは、敬意の欠如や一連の否定的な考え、そして決められた日課に根づいた、凝り固まった規範（あるいは集団の習慣）があります。パーソンセンタードではなくタスクセンタード（業務を中心にした）なアプローチは、依然としてよくあるもので、心理的なニーズはたいてい気づかれないか無視されているのです。このようなタスクセンタードなアプローチが根強く残っているのも、おそらく驚くことではないでしょう。1960

> **WORK**
>
> 2007年のホームレポートでアルツハイマー・ソサエティ・ホームが発表したところによると、施設にいる認知症がある人が（ケアの業務をのぞいて）スタッフや他の入居者と交流する時間は6時間ごとに2分間でした。あなた自身の職場と比べてこれをどう思いますか？

年代まではこれが認知症ケアの標準として広く受け容れられていて（アダムス 2008年）、1990年代になってようやくキットウッド（1997年）やキットウッドとベンソン（1995年）といった先駆者によってパーソンセンタードケアという新しい文化が推進されるようになったのですから。同じ、あるいは同様の認知症ケアサービスの仕事を長年してきた人たちが、あらゆる階層の役職についています。そしてケアワーカーが、「ベッドを整えなきゃいけないのに」入居者と話をしていたからという理由で叱られたことがあれば、優先順位について強力なメッセージを自分の価値観に取り込んでしまっていることでしょう。

　リーダーは集団の規範と順守の力を認識する必要があります。新人スタッフが「ここではこういうやり方をするのよ」と言われているのを耳にしたことがあるかもしれません。これによって、面接時に示されていた前向きな態度と善意が、異なる行動へと逸脱する結果になりかねません。新しく採用されたスタッフは集団から排除されたり対立したりすることを望まないため、集団の規範に反対する自信がないかもしれません。1950年代初頭の有名なアッシュの同調実験*は、集団の規範を遵守する人間の傾向を証明しました（アッシュ 1951年）。流れに逆らってひとりだけ浮いてしまいたくないという状況は誰もが経験して

＊訳注：問いに対する正解・不正解が明らかな場合でも、自分の周囲の人々が不正解を選択すると、それに同調して自身も不正解の答えを選んでしまうという人間の傾向を証明した実験。

いるでしょう。たとえば、結婚式で開始前に豪華なビュッフェをがつがつ食べる、唯一の空腹な参加者とか！

　自分が実施しようと思ったケアと職場で採用されているものが違うと、居心地の悪いものでしょう。この種の不一致に直面して、人間の心はそこで生じる「認知的不協和」を最小化しようとします。規範を打破するのはあまりに困難なので、自分の態度を新しい行動に合わせようとするのです（フェスティンガー 1957 年）。こうして、ほんの数週間前はやる気に満ちていた新人スタッフは、そのアプローチも態度も、チームの他のスタッフと区別がつかなくなってしまうのです。

　規範にはこのような性質があるため、検討されずにいることがあまりに多いのです。スタッフは「いつもこうしていたから」という理由でただ決まった行動をして、意識的な検討がなく、そして意識的な内省もなく、同じ間違いが何度も繰り返され、同じ否定的な結果が生じ、誰も立ち止まってなぜなのかを考えなくなるのです。

スティーリーハウス・ケアホームでは、午前 8 時 30 分の朝食の前に全入居者がシャワーをすませることになっています。シャワーの前や最中に「攻撃的」になる入居者もいるので、スタッフはペアで仕事をしなければなりません。スタッフにとってはうまくいっても意気消沈するもので、最悪の場合は有害です。入居者にとってこの経験は悲惨で人格を否定されるもので、虐待です。けれどもこれがスティーリーハウスでのやり方なので、誰も入居者の衛生嗜好を調べたこともなければ、どうして攻撃的になる人がいるのか不思議に思ったこともありません。衛生ニーズを満たすのは日中の他の時間でもいいのではないか、あるいは遅く起きたい人はそうすればいいのではといった提案はないのです！

リビングでは一日中テレビがつけっぱなしで、認知症がある人たちは部屋の隅でうなだれて座っていて反応がないのに、疑問視されないままです。誰かが立ち上がると、座るように言われます。全員がオムツパッドをつけていて、決まった時間に「トイレ介助」をされます。ある長期入院病棟では、患者全員が入れ歯を外されてピューレ状のものを食べているのを見たことがあります。むせる危険があるからというのが理由です（リスクアセスメントとリスクマネジメントについては第6章で詳述します）。

　集団の規範は行動に大きな影響力をもちますが、それでいてそれは、ほとんど厳密に検証されているわけではありません。ただ注意を引くだけでも相当な効果があるかもしれません。たとえば、入居者全員が午前8時30分までに入浴と着替えをすませることがどうしてそんなに重要だと思うのか、そして、もしそれが達成できない場合の最悪の事態は何なのか、リーダーはスタッフに尋ねてみることができるでしょう。

　集団の規範を乗り越えるためには、リーダーはこれまでとは違うごほうびを用意しましょう。たとえば、タスクセンタードなスタッフにとってのごほうびのひとつは、清潔できちんとした格好をした入居者やきちんと整えられたベッドといった、自分が達成した業務の目に見える結果でしょう。パーソンセンタードケアの結果ははるかに重要ですが、目に見えづらいものです。たとえば、以前は心配そうにしていた人が、担当スタッフが話を聴いて慰めた結果、以前よりずっとリラックスしていると気づくには、注意深い観察が必要です。リーダーは、その結果に気づいてコメントするだけで、パーソンセンタードケアな仕事のごほうびを増やすことができます。「マートルはさっきあなたと話をしてから、前よりずっとリラックスしているわね」、というように。観察できるよい状態のしるし（第1章を参照）にスタッフがなじんでおくようにすることも、前向きなケア実践を認めるのに役立ちます。前向きな仕事を評価すること

の重要性は第4章でさらに検討します。

　変化を起こすのにもっとも効果的な方法を検討しましょう。ここでは忍耐強くいきましょう。あまりに急速にケアを変革しようとするリーダーはスタッフを圧倒してしまい、起こっていることに対応できないとスタッフが感じてしまうリスクがあります。スタッフが認知症がある人のペースを上回ってしまうことがあるように、リーダーがスタッフのペースを上回ってしまうこともあるのです。すると、スタッフは新しいイデオロギーや方法を受け容れなくなってしまいます。フォッシーとジェームズ（2008年）によれば、一度にあまりに大きな変革があると、変革へのモチベーションが落ちてしまいます。スタッフが間違いを恐れる文化の場合もそうです。変革のプロセスにどうすればチームがついてきてくれるか、リーダーは慎重に検討しましょう。変革への主要なモチベーション要因は、現在、間違っている点についての認識と学習、それを通して成長する用意です。ですからリーダーは変革のために、これらの条件を整えなければなりません。

個人の習慣

　私たちの行動は周りの人たちがしていることだけでなく、自分が慣れていること、つまり自分自身の習慣によって影響を受けます。習慣とは、定期的に繰り返すことで学習した行動パターンです。これはとても基本的な学習形態なので、通常は意識的に考えることなく起こります。

　習慣を形成するのは、習慣を変えるよりもずっと簡単です。習慣を変えるには、高度に意識的な努力が必要なのです。一人ひとりのスタッフの習慣が、ケアの質を決めるのに重要な役割を果たしています。スタッフが前向きなパーソンセンタードケアの習慣を育成できるように支援するのが、リーダーの重要な役割なのです。

> **WORK**
> ・最後にその習慣をやめたのはいつでしたか？
> ・どのように対応しましたか？
> ・あなたの用いた戦略で、スタッフが悪い習慣をやめる努力に適用できるものがありますか？

　よくないケアの中には、一人ひとりの習慣がチェックされない結果、そのままになったものもあります。たとえば、紅茶とコーヒーのどちらがいいか尋ねないこと、入居者の部屋に入るときにノックをしないこと、認知症がある人の頭越しに同僚と話をすることです。習慣を打破するのは困難なため、リーダーは辛抱強さを発揮して、スタッフがそのような習慣を変えるようにうながすときは、頻繁に思い出させる必要があるでしょう。その際に責める口調にならないことです。なぜならスタッフは責められていると感じるとおそらく守りに入り、自分の悪い習慣を変えようとするよりも、再度トラブルになるのを回避することがモチベーションになるからです（見られているときは慎重にするようになります）。非難されていると感じることなく、スタッフが自分のしていることを意識するようにうながされれば、どうして自分がそうしているのか、そして自分のアプローチがケアする相手にどのように影響を与えるかを考えるようになり、否定的な行動パターンを手放すようになります。

　習慣はまた、クリエイティブな思考を抑制します。スタッフはマンネリ化し、単にそうやってきたからというだけで同じことをやり続けるようになるのです。頻繁に習慣を実践すればするほど、マンネリに深くはまり、他の行動を見つけることが難しくなります。こうして1階のラウンジでは朝食後に決まってヴェラ・リンのCDがかけられることになるのです。入居者のうち2人は気に入っているようですが、5人は無視しているか眠っているかで、3人は苦痛

な様子を見せ、ひとりはいつも部屋を出て廊下を行ったり来たりします。おそらく最初にCDがかけられたとき（15年前）は1階のラウンジにもっと大勢のヴェラ・リンのファンがいたのでしょう（あるいは、その当時も誰もそんなことは考えていなかったのかもしれません）。けれども確かなことは、15年後にはヴェラ・リンのファンはさらに少なくなるでしょうから、誰かが早くこのマンネリから抜け出すよう行動したほうがいいということです！

絶望

「マンネリ化した」プロセスは、マネジメントレベルでも容易に起こります。

> あるケアホームの管理者が、ほとんどの入居者の家族が生い立ちやライフストーリーについての情報を提供してくれないと文句を言いました。この管理者は、自分にできることはすべてやっていると感じていたのです。本人が入居する前に、家族には記入シートを渡します。記入されていない場合には、入居次第スタッフが電話か対面で尋ねるようにしています。たいていの家族はほんの少しの情報を記入するだけで空欄のままにしており、口頭でもあまり情報を提供しようとしないのです。管理者は絶望してしまい、家族は単に情報を洩らしたくないのだという結論に達しました。

家族にシートを記入してもらおうという戦略がうまくいかなかったのなら、多くの点で考え直す必要があります。違う行動をとることができたのはかなり明らかです。たとえば、シートの文言が原因かもしれません。どんな情報が役立つかを家族に理解してもらうのにその質問は十分でしたか？　または、シートをどのように家族に紹介したかに原因があるかもしれません。どうしてその情報が必要なのか、そしてどのように利用するかの説明が不十分だったのでし

ょう。あるいは、シートを利用することが単に、広範で深い情報を収集するのに最適な方法でなかったのかもしれません。もしかしたら、タイミングの問題かもしれません。家族が施設への信頼を醸成する前に詳細な情報を要求するのは、心理的に難しい要求です。さらに、（愛する人が施設に移る直前や直後という）感情的な深い苦しみを家族が味わっているさなかに、この情報を要求することは、最善の結果を生まないでしょう。

マンネリから抜け出すには、絶望感を脇において、解決策は見つかると考えることです。失敗を乗り切って学習の機会と捉えるには、かなりの努力と十分なしなやかさが必要です。さらに言えば、うまくいった点とうまくいかなかった点をより具体的にすれば、すでに用いた戦略を再度試みる価値があるかどうかの判断材料が増えます。もしかしたら、家族のシートは、施設に移る前にしばらくの間認知症がある人と暮らしていた家族から、役立つ情報を得ようとしたものではないでしょうか？　あるいは、もしかしたらシートの中で特定の質問にだけはしっかり回答がもらえているのではないでしょうか？

たいていの場合、変革をもたらすときは小さく始めるほうがいいのです。長期的な目標を念頭におきつつも、複数の小さなステップに集中するのです。そうすることで多くのメリットがあります。特に、プロセスが管理できるものになり、小さな達成感であったとしても、やる気を高める結果が多くみられるでしょう。

・・

リズは、新しい入居者バーナードの妻です。シートで彼女が十分に回答していない情報に焦点をあてましょう。趣味と関心についての項目だったとします。

1. 管理者はまず、バーナードの担当スタッフと話をして、趣味と関心についての情報を使ってバーナードの生活を充実させる方法をいくつか考え

てもらいます。
2. 管理者は、担当スタッフに頼んでその具体例をリズと分かち合ってもらうようにします。
3. 管理者はリズに電話をし、次回の訪問の際に担当スタッフと話し合ってもらえるように頼みます。
4. 管理者は担当スタッフがバーナードの関心についてリズと話をする時間がとれるように割り当てます。

　バーナードの趣味と関心についてリズからもっと情報を得られたならば、担当スタッフは本当に重要なことを達成したといえます。管理者も、問題の解決策があったことで、もっと自信をもつことができます。そしてこの小さな成功によって、これからも解決策を見つけていこうと決意を固めることができるのです。もしリズへの働きかけがうまくいかない場合、管理者と担当スタッフは一緒に考え、そこから学び、次に何を試みるかを計画します。
　こうして新しい習慣を育てることができるのです。このような協力的な問題解決と思慮深い実践については第4章でさらに検討します。

役に立たない方針、手順やシステム

　スタッフチーム内に集団の規範や文化が存在すること、そしてそれがケア実践にどれだけ影響力をもつか、すでに見てきました。それよりもさらに強力なのは、組織レベルに存在する規範で、サービス提供や資源の割り当てに影響します。たとえば、食事の時間にまったく柔軟性がないケアの環境を考えてみましょう。そのような環境では利用者は必然的にせかされ、力を奪われ、選択を拒まれます。40頁の事例に登場するスティーリーハウス・ケアホームで毎日起きていた人権侵害の主な要因は、朝食時間が固定されていることでした。さ

らに、業務中心の職務仕様や、朝のシフトのスタッフに入居者を起こして衛生上のニーズに対応する責任をすべて負わせていた勤務表も、問題要因として考えられます。

　大規模なユニット型の施設の中には、全スタッフが定期的にユニットをローテーションで担当する方針があり、そのために、顔見知りのスタッフへの信頼や安心感を入居者が育てる可能性を壊してしまっていました。脆弱な大人の保護と、健康と安全とデータの保護などの重要な事柄に関する法律を明らかに誤解し、誤解に基づいた業務手順をもつ組織もありました。

- ある大規模施設では、身体的ケア以外で入居者に触れることをスタッフに禁じていました。触れることはすべて「虐待」とみなされました。
- ある施設では、入居者が（施設内の）庭に入ることを安全ではないと考えました。「土や石を食べる危険がある」とみなされたからです。
- あるヘルパー事業所では、訪問先の新しい利用者についてスタッフは何も知らされませんでした。その人に認知症があるのかどうかについてすらもです。「守秘義務」のためです。

　このような誤った方針によって、認知症がある人のニーズが無視されてしまうのは明らかです。

　役に立たない管理方法もまた、パーソンセンタードケアの障害となります。リーダーがチームメンバーやスタッフに対して強い権力を用い、スタッフに提案の機会をほとんど与えなかったら、反感や無関心の空気が醸成されます。スタッフは、自分が何をしても何を言っても何も変わらないと感じるようになります。こうして努力しなくなり、挑戦を避け、創造性を発揮しなくなります。スタッフに力を与えることと互いの協力が、パーソンセンタードケアには不可

欠です。チームメンバーの経験やアイデアを引き出せるリーダーには、パーソンセンタードケアを実現できる大きな見込みがあります。

　上級管理者の地位にいるリーダーは、リスクをとり、現状に挑戦し、組織内の自らの影響力を利用して方針、手順、制度や文書への変更を行う、またはその提唱をする用意が必要です。組織内の役割によっては、リーダーの中には組織の規範や習慣に取り組むための力に制約がある人が多いかもしれませんが、地道に努力していかなければなりません。リーダーであるということは、あえて危険を冒すということです。たとえその実現が直接自分の管理下にないことでも、改善を求めることです。あなたが管理者ではないとしても、組織内で現在、物事がどのように行われ、誰が意思決定をしているのかくらいは知っているでしょう。適切な人に適切なときに話をすること、認知症がある人とスタッフの両方の意見とニーズを確実に聞いてもらうことは、変革をうながすことになるでしょう。物事が実際にどうなっているのかを説明する具体例を用意し、何を変えることができるのかについて提案しましょう。十分な知識と情熱をもってその件を提示すれば、聞いてもらえるはずです。

♣ 限られた資源

　個人の態度の改善から時代遅れの方針の書き換えまで、ケア環境にはいつも改善の余地がありますが、ほぼ必ず、リーダーの管理が及ばないところによくないケア実践につながる要因があります。その筆頭にあがるのが資源、あるいはその不足です。

　パーソンセンタードケアの目標を達成する最大の障害は、資金不足かもしれません。実際には、報酬はパーソンセンタードケアに必要な高いレベルのスキルを反映しておらず、一人ひとりに必要な注意を払うにはスタッフの数が不十分なのです。これらの制約の中で可能な限り最善の実践をすることは、リーダ

ーにとって大きな課題です。ときには認知症がある人の基本的な身体的ニーズすら無視されることが避けられないかもしれません。たとえば、もし2名の利用者がちょうど同じときにトイレ介助が必要で、2名のケアスタッフのうち1名はすでに入浴の介助をしていた場合です。ヘルパー事業者の中には、各訪問の際の時間が決定要因になっているところがあります。通常は、利用者がトイレに行き、洗面をし、着替えて朝食をとるのを支援するためのヘルパーの訪問時間は30分です。この状況で、どうすればヘルパーは業務中心にならずにすむというのでしょう？

　その答えは、既存の資源をどう活用しているかにあります。現在の資源が不十分ということで、その増加を求めるとしても、利用できるものをすべて最大限に活用するようクリエイティブに働きましょう。ヘルパーはいつも、あまりに短い時間に、こなさなければならない多くの仕事がありますが、どのように仕事をするかが認知症がある人には大きな違いをもたらします。

訪問時間の30分間をコミュニケーション、共感とユーモアで満たし、利用者に自身の身体的ケアの一部をしてもらうようにうながせるヘルパーは、制約のある状況下でもパーソンセンタードなアプローチは可能なのだと示しています。

　これは、結果に妥協がないということではありません。実際、もっと時間がとれれば、支援を受けて、認知症がある人は自身のケアをもっとできるでしょ

WORK
スタッフが自分の時間をよりよく使う方法が何かありますか？

うし、ずっと有意義な会話もできるでしょう。リーダーはあらゆる機会を活用して利用者のニーズを主張し、時間が足りないためにできないことがあるのだと理事たちに認識してもらう必要があります。しかし、リーダーはまた、どんなときも利用者のニーズに最高の対応ができるようにする必要もあるのです。スタッフが限られた時間をもっとも有益に活用できるよう支援し、できる限りクリエイティブで柔軟になれるよう自信を与えましょう。

もっとも重要な「資源」である、認知症ケアに従事するスタッフは、仕事の価値と複雑さからすれば非常に低い報酬しか得ていませんが、それでもこの専門職には本当に卓越した介護者が集まってきます。これは特に、報酬以外のモチベーション要因（第3章で詳述）を最大化している組織においてそうです。完璧なチーム形成に終わりはありませんが、レベルの高い支援と評価でスタッフを育成し、最高の研修と成長の機会を提供している事業者にとっては、不可能な野望ではありません。

2. 実績評価をする

本章の冒頭で述べたように、パーソンセンタードケアの実現に向けて動いているリーダーは、自分たちのケアサービスの現状について正直に評価する用意がなければなりません。変革への最初の一歩は、何を変える必要があるのかについての意識を向上させることです。観察、認知症がある人、スタッフと家族を含む主要な利害関係者との会話、そして方針、手順とケア記録の監査によって、変えるべきことがわかってきます。

リーダーは情報収集のプロセスは委任できますが、自ら観察をし、会話をすることは自分のためになるでしょう。これは非公式にすることもできますが、体系化された調査方法を利用すれば役立つでしょう。このような体系化された

アプローチのひとつが認知症ケアマッピング（DCM）（ブルッカーとサー 2005 年）で、英国国立医療技術評価機構（NICE）/SCIE（2007 年）によって推薦されている実践開発方法論です。パーソンセンタードケアを組織に組み込むために特に開発されたもので、利用者、家族とスタッフへの説明、認知症がある人の視点からのケアの経験の観察、その観察についての内省と共同の行動計画にスタッフチームを従事させることが含まれます。これらの計画の有効性は、一定期間後にこのサイクルを再度開始することで評価されます。

　生活の質についての詳細で包括的な観察方法を用いることで、DCM は認知症がある人がどのように時間を過ごしているか、気分や何に従事していたか、そしてスタッフとの交流の回数や種類についての情報を提供します。この交流は心理的ニーズに対応し、その人らしさを最大化するものもあれば、損なうものもあります。監査局（2010 年）は、認知症がある人の生活の質についての役立つ観察方法として DCM を推薦しました。パーソンセンタードケアを実践に組み込む支援として、このアプローチは 1990 年代中ごろから国内外での医療・福祉分野で広く活用されています（ブルッカー他 1998 年、マーティンとヤンガー 2001 年、ウィリアムズとリーズ 1997 年）。品質監査と改善ツールとして実践環境で活用されているエビデンスがかなりあります（バラードとアースランド　2009 年、チェナウェス他 2009 年）。

　DCM は詳細な観察エビデンスを提供しますが、ケア実践の概要は「ラーニングウォーク」などの方法で得ることができます。この技法は教育サービスにおいて利用されるモデルから採用されたもので、ナショナルカレッジフォースクールリーダーシップ*によって開発されました（2006 年）。私の主宰する認知症ケアリーダーシッププログラムコースの受講生たちはラーニングウォークを

---

* 訳注：教育者の支援と育成を主な目的としたイギリスの教育機関。

利用して、別の認知症ケア環境の仲間（あるいは少人数グループの仲間たち）と相互訪問をしました。ラーニングウォークとは、基本的には、簡単な行動研究プロジェクトです。その意図はDCMのようにケアの質を評価、開発することではなく、単に専門職としての内省と学びをうながすことです。ペアで、あるいは少人数でこのプロセスを行うことで、異なる視点から学習する機会が生まれ、それによってエビデンスが収集され、進歩のあった領域や発展が必要な領域をリーダーが特定するのに役立ちます。各リーダーもまた、仲間のケア環境を観察し、学ぶチャンスがあるというメリットがあります。物事が同じでありながらいかに異なるかに気づき、そのケア環境でリーダー自身がいままで気づいていなかった側面を新鮮な目で見ることができるのです。

ラーニングウォークを行ったあるリーダーのペアは、施設のラウンジにいた間中ずっと、2名のスタッフがそこに座って日誌を書いていて、一度も入居者に話しかけなかったことに気づきました。入居者同士で一、二度話をしている人たちはいましたが、退屈しているしるしが多く見られました。

対照的に、このペアがお昼ごはんの時間に食堂に座っていると、親しげな冗談から繊細で慎重な言葉でのうながしまで、前向きにコミュニケーションをとっているしるしが多く見られました。どうやって前向きにコミュニケーションをとるのか、スタッフは明らかにわかっていましたが、書類仕事よりもコミュニケーションを優先すべきことを理解していなかったのです。そして入居者を無視することなく日誌を書くのにもっと適した時間を見つける支援をされていませんでした。

ラーニングウォークは、ケアの特定の側面に焦点をあてると、もっとも役立ちます。参加者たちは、この方法でコミュニケーション、関係性、従事してい

> **WORK**
> ・スタッフと利用者の間の前向きにコミュニケーションをとっていることを示すものとして、どんなものを見ればいいでしょうか?
> ・スタッフと利用者の関係性の質を評価するのに役立つかもしれないのは、どんなものでしょうか?

ることを調べました。スタッフの態度とケアアプローチの規範が明白になる主な領域です。リーダーが自分自身のケア環境のコミュニケーションと従事していることの性質、そしてそれに前向きに貢献できる要因をよりよく理解できるようにし、そうすることで強化のための行動計画を開発するのが目的です。

　観察を始める前に、前向きなコミュニケーション、関係性、そして従事していることのしるしを提供する「探す対象」に合意しておきましょう。何を観察するかを明確にしておくことで、参加者はプロジェクトからもっとも多くを得ることができます。それぞれのラーニングウォークには、ケア環境の異なる領域での短時間の観察があり、その後すぐに内省的な話し合いが行われます。また、スタッフとその施設を訪問した参加者(もしいれば)との簡単な情報収集セッションも行われます。参加者たちの最後の報告セッションではどこに成長のニーズがあるか話し合い、行動計画を作成します。そこではケア環境でのコミュニケーション、関係性、従事していることを強化する具体的な目標とそれを達成するためのステップが定義されます。ラーニングウォークは、パーソンセンタードケアの障害とそれにどう取り組むかについて、より深いレベルでの洞察を得る貴重な機会になるのです。

　ラーニングウォークなどの観察方法は集団ケアの環境で役立ちますが、もしあなたが在宅ケアで働いているリーダーなら、ケア実践を目撃する機会ははるかに限られます。直接観察するとなると、事前に状況設定をする必要があり、

日々のコミュニケーションの実態とは異なるかもしれません。それでも、よい実践とその理解へのスタッフの能力に警鐘を鳴らすことはあるでしょう。スタッフとの一対一の話し合いは、実際にどんなケアが行われているかを明らかにしてくれます。ときには、共有した問題の分析を通して、スタッフの態度がわかります。「あなたは自分のしていたことをどのように説明しますか？」「ラジャンさんが起きようとしなかったとき、あなたは彼女に何と言いましたか？」といった質問によってです。

3. 結論

認知症ケアの実践には多くのことが影響していますが、そのすべてがリーダーの管理下にあるわけではありません。しかし、重要なのは、管理できるような変革をし、どんなに些細でも達成したことを喜ぶことです。神学者ラインホルト・ニーバー（1987年）の作とされる「ニーバーの祈り*」の心情を思い出します。そこでは、変えられないものを受け容れるための冷静さ、変えるべきものを変える勇気、そして、変えられないものと変えるべきものを区別する知恵の必要性を強調しています。

これはすべてのリーダーが唱えるのに役立つ言葉でしょう。

---

* 訳注：ニーバーの祈り

  神よ
  変えることのできるものについて、
  それを変えるだけの勇気をわれらに与えたまえ。
  変えることのできないものについては、
  それを受けいれるだけの冷静さを与えたまえ。
  そして、
  変えることのできるものと、変えることのできないものとを、
  識別する知恵を与えたまえ。
     ラインホルト・ニーバー（大木英夫 訳　学校法人聖学院公式サイトより）

本章の要点

要点	リーダーがすること
態度の悪さは、認知症と一人ひとりについての知識がないために生じる	学習と学んだことを意識的に捨て去る機会を継続的に提供する
多くの認知症ケアの現場では、よい実践を抑制する業務中心の規範がある	「どうして」と尋ねることで、よく考えさせる。パーソンセンタードな実践を評価することで業務中心のケアをパーソンセンタードケアに変える。忍耐強くなる
スタッフは容易に悪い習慣にはまってしまう	自覚をうながすために頻繁に、責めることなく思い出させる
管理者はマンネリ化して絶望感を覚えることがある	現実的な目標を設定して、ステップごとの変革プロセスに集中する
組織の方針、手順、制度がパーソンセンタードケアの障害となりうる	そのような障害が存在する場合は認識して必要な変革を行う、あるいは提案する
パーソンセンタードな実践を阻む要因には、リーダーの管理下にないものもある	既存の資源を最大限に活用し、達成できたことを喜ぶ
リーダーはよいケアの障害を特定するために、日々の実践を強く意識する必要がある	質的な面についての監査、評価、観察と話し合いを開始する

第3章
スタッフに自信を与え、支援しよう

本章の学び

- よい実践の模範を示すことが不可欠だという認識
- スタッフがその強みを活かして最善を尽くすよう、いかに自信を与えるかの理解
- 認知症ケアにおいてスタッフをやる気にさせる重要な要因の認識
- チーム内からリーダーシップの可能性を引き出し、支援する重要性の理解
- スタッフをなぜ、そしてどのように感情的に支援するかの理解
- 協力的なチームをつくる戦略の熟考

 1. パーソンセンタードケアの模範を示す

　パーソンセンタードなリーダーであるということは、有言実行するということです。ビジョンを効果的に伝えるためには、それがあなたのすべての行動の指針として明白でなければなりません。リーダーは模範としての自分の役割を真剣に受け止める必要があります。

●入居者との会話のためにいつも時間をとっている施設のチームリーダー
●肩書にとらわれずに頻繁に利用者とのアクティビティに十分に従事しているデイサービスの管理者

　いずれのリーダーも、求められるものと実行可能性について、まさに見本を示しています。時間も資源も限られている中で、何ができるかを教えてくれます。よいコミュニケーションとはどういうものかを示し、これがスタッフ全員がすべきことだと訴えています。
　リーダーであるあなたがチームに信頼され、尊敬されているならば、あなたがすることはすべて真似される可能性があると認識しておきましょう。ですから一貫性と言行一致は効果的な模範であるために欠かせません。利用者の気持ちは、訪問者がいるからといって突然軽んじられたりしません。リーダーは認知症がある人と話すときに敬意を表しておきながら、背後でその人を笑いものにすることはありません。パーソンセンタードなリーダーは、認知症がある人に間違いなく敬意を表します。リーダーのすべての行動は認知症がある人の気持ちとニーズに注意を向けることから導かれます。
　模範として、リーダーは、認知症がある人とできるだけ多くの時間を過ごす必要があります。多くの時間的制約があるなかで、これは間違いなく困難なこ

WORK
・先週、スタッフはあなたがどんなことをしているのを目にしたでしょうか？
・あなたが示した態度や実践をスタッフが真似るとしたら、それは前向きなことでしょうか？
・あなたがしたことをただ真似たとしたら、そのアプローチにはどんなことが欠けているでしょうか？

とですが、やりがいのあることです。書類仕事も完成させなければいけないし、ミーティングにも出席しなければいけないし、電話もかけなければいけませんが、ケアの現場に定期的に関わることもまたきわめて重要なのです。一人ひとりの利用者、特にその背景と心理的ニーズをしっかりと理解しておきましょう。

　リーダーはまた、利用者に何が起きているかの最新情報を把握しておく必要があります。けれどもすべてを把握しておく必要はありません。むしろ、リーダーが模範を示すべきなのは、質問をし、話を聴き、観察をする用意があるという態度です。たとえば、利用者一人ひとりの日々の生活の詳細について、管理者よりもスタッフのほうがよく把握しているのは正しく、適切なことです。重要なのは、管理者が知ろうとし、関心をもち、思慮深くあることです。そうすることで、相手に質問をすることと自分で内省をすることがいかに大切かを伝えるのです（これについては第4章でさらに検討します）。これはまた、スタッフが利用者に自信を与えるうえでとても重要なことを教えてくれます。スタッフの洞察や意見に耳を傾けることのできるリーダーは、利用者に対してどのようにスタッフが自信を与えればよいかの模範を示すのです。

2. スタッフに自信を与える

　パーソンセンタードなリーダーシップにおいては、スタッフに自信を与えることが重要です。スタッフが自分の責任を真剣に受け止め、最善を尽くすように支援するのです。認知症がある人の一瞬一瞬のよい状態に影響力をもつのは、リーダーではなく現場のスタッフです。リーダーがしなければならないのは、そのための環境を提供することです。

　第1章で示したように、パーソンセンタードケアは「型どおり」にはできません。その性質上、スタッフは一人ひとりのニーズにその瞬間に対応できるこ

とが求められるからです。このためスタッフには柔軟性と豊富な資質が必要で、リーダーはこれを育てなければなりません。クリエイティブな思考をうながし、支援する相手への理解に基づいてスタッフが自分自身のアイデアを育て、実行できるようにするのです。

　このように自信を与えるプロセスには、リーダーと現場のスタッフの相互の信頼が必要です。この醸成には時間がかかります。スタッフ側は、リーダーに自分のアイデアや計画を話して聴いてもらえること、そして前向きなものも否定的なものも含め自分の経験を正直に分かち合うことができると知っておく必要があります。リーダーは共同学習のプロセスに従事する用意があり、期待どおりに物事が運ばなくても、当然ながらスタッフを責めることはありません。スタッフがリーダーであるあなたと同じビジョンを共有し、同じ目標に向かって働いているとわかっていれば、あなたはスタッフが自分で考えて動いてくれると信頼することができるでしょう。

強みと能力を活かす

　各人の強みと能力を認識することが、スタッフに自信を与えることになります。第1章で、認知症がある人と協力することでどのようにスタッフが相手のいまできることを最大化できるかを示しました。スタッフに自信を与えるのもまた、いまできることを最大化することです。リーダーはスタッフと適切な時点で話し合い、スタッフが必要なもの（表1を参照）を提供してその強みを十分に活かせるようにしましょう。個人としての各スタッフの知識を得ることが重要です。リーダーは各スタッフのスキル、資質、才能、必要とする支援について明確に理解しましょう。

　チーム内でそれぞれの強みが異なることは避けられません。たとえば、スタッフの中には高度な忍耐力と思いやりをもつ人もいれば、それほど忍耐力はな

いけれど、とても精力的で快活な人もいるでしょう。このような個人の強みと、これらを個人やグループのニーズにどうマッチングするのが最適なのかを必ず考慮したうえで担当やシフトを決めます。

スタッフ	リーダー
熱心で、利用者の生活を充実させるアイデアをたくさんもっている	よいアイデアを評価してその実行を支援する
共感力があり、利用者と感情的に結びつくことができる	スタッフへの感情的支援をする

表1：スタッフの可能性を最大化する

個人の資質を活かす

利用者の利益のために、スタッフの関心や背景を活かすこともできます。

- バスケットボールの大好きなスタッフは、施設のラウンジにネットを取りつけて、通るときにシュートをし、入居者にもシュートをうながしました（フォッシーとジェームズ　2008年）。
- ベリーダンスの得意なスタッフは、勤務先の施設の入居者に日常的にダンスを披露しました。
- ファッションとメイクに関心のあるスタッフは、率先して利用者のための「ビューティーセラピー」をしました。
- 「テーマの日」をリードするために、スタッフは喜んで自分の文化を分かち合いました。あるインド人のスタッフは大量のサリーを施設に持ってきて、着てみたいという入居者が着るのを手伝いました。

スタッフがどういう人間であるのかは、その人が認知症がある人との交流に

> **WORK**
> ・あなたは自分のスタッフチームのメンバーについてどんなことを知っていますか?
> ・スキルや個人の資質、趣味と関心、文化的背景や人生経験はどうでしょう?
> ・これらの個人の資源のうち、どれが認知症がある人との仕事に活かせるでしょうか?
> ・どうすればそれができるでしょう?

活かすことができる大切なこととして捉えましょう。そしてその関心を仕事に活かすことは、利用者のその人らしさと同様にスタッフのその人らしさも明確に認めていることになります。自分が好きなことをすることで認められ、励まされるのはスタッフにとってワクワクする、価値を認められる経験で、大いにやる気を高めます。さらに、スタッフがレクリエーションに熱意をもっているとそれが利用者にも伝わり、熱心に参加してくれるようになるので、スタッフにとっても利用者にとっても成功経験となる可能性が高まるのです。

3. スタッフをやる気にさせる要因を理解する

仕事の中で何がその人をやる気にさせる要因なのか考えることは重要です。パーソンセンタードケアは個人的にも専門的にも大変なものですが、その金銭的報酬は、それに見合ったものとは言えません。そのため、金銭以外の報酬を充実させる必要があります。そして、もしリーダーがチーム内の個人をやる気にさせる要因を理解できれば、この報酬を最大化して、スタッフが責任感を失う前に対処することができます。認知症ケアリーダーシッププログラムでは、受講生は次頁のアンケートをチーム内で利用して、スタッフをやる気にさせる要因を分析します。そうすることで、たとえば、それに基づいて行動するよう

な提案ができるとスタッフが感じていることの重要性、その努力や業績を尊重されていると感じていることの重要性、チームの一員と感じていることの重要性のように、各スタッフにとって大切な要因を把握できます。

　認知症ケアは往々にして困難で、常に求められることが多いことを考えると、職場や勤務時間の利便性が働く動機となっているスタッフは、他に仕事があれば長くとどまる可能性は低いでしょう。スタッフが働き続けるのは、自分の役割の重要性を認識し、仕事が興味深く充実感があると感じ、スキルや自信を身につけ、キャリアアップする機会がある場合です。これらの要因によってスタッフは仕事にとどまるだけでなく、最善を尽くすようになります。ですからリーダーは、スタッフをやる気にさせて刺激を与え、その努力に敬意を払い、その意見が高く評価されることを明らかにしましょう。

スタッフのモチベーションアンケート

このアンケートは、あなたがなぜ現在の仕事をしているのか、そしてそれについてどう感じているのかについて尋ねるものです。以下の記述を読んで、その記述がどの程度自分に当てはまるか、該当するボックスにレ点をつけてください。回答に正誤はありません。このアンケートは無記名で行われます。

	なぜ現在の仕事をしているのか、そしてそれについてどう感じているのかについて、以下の記述はどの程度該当しますか？	そのとおりだ	部分的にあてはまる	それほどあてはまらない	まったくあてはまらない
	勤務時間が合っている				
	職場が通勤しやすい				
	認知症がある人と関わる仕事がずっとしたかった				
	お年寄りと関わる仕事が好きだ				

理想の仕事ではないが、そのときにつけた仕事の中では最善だった				
自分の仕事はとても重要だと信じている				
自分の努力の結果が見える				
職場環境が好きだ				
仕事が興味深く多様だ				
仕事に充実感がある				
同僚とうまくやっている				
認知症がある人と関わることを選んだわけではなかったが、いまでは楽しんでいる				
仕事が自分の能力と個人の資質によく合っている				
自分の努力や業績が評価されていると感じる				
報酬と条件がよい				
昇進の見込みが大きい				
チームの一員だと感じる				
認知症ケアについて知るべきことをすべて知っていると感じる				
勤務先の組織について前向きに感じる				
認知症がある人がよい生活をすることに個人的な責任がある				
自分がケアする認知症がある人の多くと強い関係性がある				

よい研修の機会があり、学んだことを実践に移せる				
自分のアイデアを仕事に活かすようにうながされている				
自分の担う責任のレベルが好きだ				
休暇がある				
自分の仕事に経験豊富で自信があると感じる				
認知症がある人に興味がある				
違うやり方を提案することができ、その提案に基づいて行動できる				
仕事から常に学んでいると感じる				

⬆ 次に、あなたが現在の仕事をしている理由を説明する重要な理由5個を選んで左端の空欄にレ点をつけてください。

🍀 リーダーシップの可能性を育てる

　スタッフの強み、能力、そして前向きなモチベーションを認識することを通して、管理者はチームがもつリーダーシップの可能性を引き出し、育てることができます。たとえば、自分の経験を分かち合う、提案をする、プロジェクトを実行する、自分より経験の浅い、あるいは自信のないスタッフの育成などの責任を引き受ける、ということを通して実質上のリーダーとなる機会をスタッフが与えられたときに、スキルと熱意を認め、評価しましょう。そのようなチームメンバーはケアサービスを変革していく管理者の同志です。

　管理者は、ジェリー・スターニン（2002年）が「前向きな逸脱者」と表現し

たようなチームメンバーを探すべきです。それは、クリエイティブな方法と、他の人なら人手不足などを理由に無理だと片づけてしまう問題への解決策を見つけられる人たちです。スターニンはこう述べています。「こういう人たちを見つけたいのです。なぜならこの人たちは、問題への解決策はすでにコミュニティの中に存在するという証拠を示してくれるからです」(スパークス 2004 年)

---

30 分間では時間が短すぎて、認知症がある人への身体的ケア以外には何もできないと他の人たちが感じているなか、あるヘルパーは利用者と協力することで支援し、身体的ケアの大半を自分自身でしてもらっています。

このヘルパーがどうやって利用者の力を引き出しているのか、実際の事例をチームミーティングで分かち合うように管理者がうながせば、他のヘルパーや利用者にとって有益になるでしょう。

認知症チャンピオンなどのより正式なリーダーシップをチーム内で形成するのは、本書の冒頭で提案したように、真剣に前に進もうとしている現場にとってかけがえのないものです。しかし、認知症チャンピオンがチーム内で役割を果たせるように自信を与えるには、適切な備えが欠かせません。パーソンセンタードケアへの深い理解だけでなく、たとえば第 4 章で検討するコーチングテクニックのようにスタッフを指導、支援するスキルも育てる機会を与えましょう。

自分と対等の立場にある同僚の実践に影響を与えようとするには、繊細な気遣いが要ります。認知症チャンピオンには、気くばり、説得、交渉、そして感情的知性を含む高度な対人能力が必要ですが、アドバイスをし、質問をし、フィードバックをする権利があると同僚から見てもらえるように、その役割が組織内で適切に認識されることも欠かせません。認知症チャンピオンがアドバイスをするための正式な場を組織が確立したほうがいいでしょう。チームミーティ

ング内で定期的な時間を設けたり、ケアプランニングとレビュープロセスで特定の役割を与えたりできるでしょう。認知症チャンピオンが観察したりアドバイスを提供したりするための時間を定期的に設けることもできるでしょう。

　認知症チャンピオンの役割をケアサービスにきちんと役立てるには、組織レベルで必要な変革について認知症チャンピオンが管理者にフィードバックできるシステムを確立する必要があります。たとえばケアプランのフォーマットの採用や、スタッフをせかせて利用者の能力を損なう原因となっている、役に立たない日課の変更などです。組織はこのような現場からのフォードバックやアドバイスを受け容れる必要があります。つまり、新しいアイデアにオープンで、変革を受け容れる用意をしておく必要があるのです。

4. スタッフの感情的ニーズを満たす

感情を認識する

　スタッフは認知症とともに生きる経験とつながることで、感情的に動揺するかもしれません。たとえば、認知症がある人の大半は自分自身の困難への洞察や、身の回りで起きていることへの意識があり、そして感情を実際にもっているのだとスタッフが気づくことで、衝撃を受けることがよくあります。認知症がある人はこれらの能力に欠けるという神話によって、罪悪感や非難なしによくないケア実践ができるのです。この神話を手放すことは痛みを伴います。

　この感情的困難とは別に、認知症がある人を相手に働くことは往々にして緊張感があり、ストレスが多く、恐怖にすらなりうるという現実もあります。第6章で検討するように、強い感情と満たされないニーズを経験している認知症がある人は、スタッフに挑戦的な方法で自分自身を表現することがあります。スタッフが適切に訓練されていなければ、「問題行動」の受け手として自分を

> **WORK**
> ・最近スタッフがどんな感情を表現しているのに気づきましたか、または耳にしましたか？
> ・この感情がスタッフの仕事にどのように影響していると思いますか？

認識することが増えます。おそらくはスタッフが認知症がある人にとってストレスの多い状況を不注意につくりだしていて、その結果に対応しなければならなくなっているのです。

　スタッフがフラストレーションを覚えるのは珍しいことではありません。たとえば利用者が協力してくれない業務をしようとしているときや、同じ質問に繰り返し答えなければならなくていらいらしているときなどです。子どもを学校に迎えに行かなくてはと言って施設から出ようとする入居者の気を逸らすために、毎回自分で考えることに疲れたスタッフがいるかもしれません。それに、強い感情を経験している人を相手にすることは、スタッフの感情の引き金になることもあります。特にスタッフ自身が経験した何かと共鳴するような痛ましい記憶を相手が再び生きている場合です。これらの感情はスタッフのアプローチに容易に影響を与えます。

スタッフの感情を支援する

　スタッフが受ける支援とスタッフがケアする相手に与える支援には強い等価関係があります。スタッフが十分な支援を受けていなければ、自分自身の感情に対応する唯一の方法は、自分とケアする相手の間にバリアを築くことだと考えてしまうものです。これは感情的なつながりを断ち、共感を阻み、関係性を抑制します。しかし、リーダーがスタッフの感情的なニーズに対応して信頼関係を築くようにすると、スタッフに対してケアする相手にどう接してほしいか

> **WORK**
> ・あなたはどのようにして自分の関心と心配を示しますか？
> ・スタッフが自分の気持ちを表現したとき、あなたはどう対応しますか？

を示すまさに模範となります。また、スタッフが認知症がある人と本当にパーソンセンタードな関係性を育て、維持するのに、自分自身の感情や人間性を安心して活かせるようになります。

　よい認知症ケアでは、認知症とともに生きるという現実とつながるように、よいリーダーシップには認知症がある人を相手に働くという現実への深い理解があります。リーダーはスタッフが自分の仕事について表現した感情を認識しましょう。たとえスタッフの対応のまずさから、利用者にとっても自分自身にとってもストレスを生み出したのだという強い疑いがある場合でもです。たとえ間違った方向に行ってしまったとしても、前向きな意図を認識することが重要です。適切な支援があれば改善できると、スタッフの可能性を信じましょう。

一対一の支援を提供する

　リーダーがこの感情的支援を提供するもっとも重要な方法の一つは、スタッフがあなたを必要とするときにスタッフのためにそばにいて、喜んで話を聴くと明確にすることです。スタッフが自分の仕事に困難を感じているとき、リーダーが支援的に批判せず話を聴いてくれて、そこで感情を表現できることはきわめて役立ちます。アクティブリスニング*では、自分自身の考えや心配事をしばらく脇において、相手に十分に集中します。ときには何も言う必要はない

＊訳注：積極的傾聴。ただ傾聴するだけでなく、相手の言葉を繰り返す、話をまとめる、気持ちを汲むという行動を通じて積極的（アクティブ）に話を聴く。相手の感情が整理されるとともに、心を開きもっと話したいと感じられるようになる。

かもしれませんが、ボディランゲージや顔の表情で、話を聴いていることを伝えましょう。ときにはスタッフの言葉や非言語で伝えていたことを振り返ったり言い換えたりして、理解と共感を示しましょう。

　肩の荷を下ろし、理解されていると感じる機会があることで、スタッフ自身の共感的理解の能力も開花します。ときには、自分の問題について話をする機会があることで、スタッフは自身の洞察や創造性を引き出し、建設的に前に進む道を見出せるかもしれません。アクティブリスニングを通して、あなたは支援だけでなく、相手の考えや気持ちは価値あるものだというあなたの信条をも伝えているのです。ニコラス・イアッパ（1986年）が述べているように、「時間をとって注意を向けるだけのことでも、話を聴くことをマネジメントツールとして活用する素晴らしい方法です。職員の中には、あなたのところにやってきて20分間話をし、完全に自分自身で問題を解決して出ていく人もいるでしょう」。

　スタッフが仕事に関係のない個人的な問題を抱えているとき、スタッフとの関係性のためには、あなたが関心をもち、心配していると示すことが重要です。もちろん、チームの各メンバーに個人的なカウンセリングを提供することは必要でも適切でもありません。しかし、個人的な問題に気をとられて仕事に十分な注意を向けられていないときに、それを認識するのは重要です。スタッフが休暇をとれるようにシフトを再編成する必要があるかもしれません。あるいは、いまよりストレスが小さい部署に一時的に移動させることができるかもしれません。従業員のカウンセリングを提供するサービスも把握しておきましょう。さらなる支援が必要な場合にスタッフのために活用できるからです。

　集団のケア環境では、スタッフと日常的に接触する機会が頻繁にあります。短い会話の間にスタッフの心理状態をつかんで、スタッフが支援する利用者の状況を把握することができます。各スタッフについて知れば知るほど、スタッフが何を必要としているかの判断がしやすくなります。

> スタッフをよく知ることで、物事がうまくいっていないときに気づけると、あるリーダーはわかりました。「大丈夫？」とか「必要なときは力になるわ」とただ言うだけで、彼女は自分がスタッフを支援したいのだと伝えることができました。

　在宅や地域のサービスの場合、スタッフとの接触の大半は電話になります。スタッフが分かち合う必要がある心配事に耳を傾け、そして実際に支援が必要なときに連絡を取るよう、スタッフにうながしましょう。現実的なことに焦点をあてて感情に目を向けるのを忘れてしまいがちですが、それではすぐに業務中心のケアにつながってしまいます。スタッフと仕事の話をするときに常にその気持ちを念頭におくことは模範を示すうえで大切です。

　監督や評価のセッションなどのより正式な一対一の状況でも、気持ちに注目しましょう。このようなミーティングで対応する必要がある問題には一定の要件がありますが、建設的な成長の機会なのだとお互いに捉えることが重要です。スタッフがその実践についてよく考え、アイデアを発展させて共有し、建設的なフィードバックをもらうのです。

　スタッフの感情的な状態にも注意を払いましょう。スタッフが自分の仕事についてその気持ちを表現するとき、それはあなたに十分に注意を向けてもらう大切な機会なのです。たとえば、何を困難だと感じているか、どんな成功を誇りに思うか、利用者との関係性はどのように進展しているかについて話すようにうながしましょう。

グループ支援を提供する

チームミーティングはまた、スタッフが日々の仕事について話をし、そうすることで支援されていると感じる機会にすることができます。認知症ケアの課題に直面し、向き合うことは、支援的に、協力的に働いているスタッフチームにとってきわめてやりがいのある経験となります。グループでの話し合いは、協力して探求し、発見する貴重な機会となります。たとえば、個人では見つけられなかった前に進む方法を、アイデアを出し合うことで見つけるのです。このようにクリエイティブな考えを引き出し、楽観的な側面に焦点をあてるには、巧みなリーダーシップが重要です。チームでの話し合いは、潜在的な解決策よりも問題に焦点のあたった不平の言い合いにすぐになってしまいがちです。リーダーは一般化や思い込みに話が向かわないようにし、一人ひとりの利用者とそのよい状態を高める可能性に注目し続けましょう。チームでの問題解決の戦略については第6章で検討します。

スタッフ主導の同僚支援グループを設立することも、チーム内に前向きな関係性を育み、いくらか感情的な荷を下ろすのに役立ちます。それには、誰もが平等に参加の機会があり、問題に焦点をあてることを避けるための明確な基本原則があることが前提になります。たとえば各人がうまくいっていることと困難なことについて5分間話をするなど、体系化された聴き方のテクニックを使うことで、お互いに適切に話を聴くよううながすことができ、前向きな側面に焦点をあてることができます。

5. チーム力学を管理する

チームミーティングと同僚支援グループの生産性はまた、個人とスタッフチ

ーム内の集団力学にも依存します。チーム内で人々が交流し、行動するプロセスには、さまざまな要因が影響します。たとえば、個人の性格、チームメンバーの多様性、異なるスキルレベル、経験と責任です。また、小集団が形成され、チーム全体のパフォーマンスを損なうような否定的な役割を果たす人が出てきます。たとえば、誰かがチームの「お調子者」になるかもしれません。特定のスタッフがいつもミーティングや話し合いを支配するようになるかもしれません。リーダーには小集団を打破し、破壊的な行動を管理する努力が必要になります。たとえば、各個人の強みに従って別々の責任を与え、通常であれば一緒に働かないような相手とペアを組ませるのです。あなたのリーダーシップのスタイルが、チーム内で展開する関係性に大きな影響を及ぼします。たとえば、オープンで受容的なスタイルのリーダーシップならば、グループ内に相互尊重的な雰囲気が生じやすいでしょう。

　話をよく聴くリーダーは模範になるだけでなく、グループメンバー間で話を聴くことをうながします。リーダーがよい実践に気づいて支持すること、そして粗末な実践をすぐに見つけて対応しているのを目にすることは、集団力学にとって重要です。こうすることで、文句を言ったり誰かを犠牲にしたりする文化がはびこらなくなります。

　協力的なチームをつくるうえでのリーダーの主要な役割の一つは、各人がチームの中でどのように役割を果たし、結果に影響を与えているかをメンバーが理解できるように支援することです。各チームメンバーがすること（あるいはしないこと）はすべて、全員に影響を与えます。一つの行為の波及効果は、その個人がすぐに意識できないほど遠いところまで及ぶかもしれないのです。

・・・

　利用者が食卓を散らかしたことで、デイサービスのスタッフは考えなしに批判しました。相手は怒って気分を害しました。これがしばらく続き、別の利

用者が彼女の杖で転んで怒りが波及し、罵り合いになりました……。デイサービスの雰囲気にも影響が出ました。さまざまな人がこの出来事で気分を害し、不安になって家に帰りたいと言いました……。午後のアクティビティはうまくいかず、慎重に計画したスタッフはやる気をなくしました……。

否定的な行為は明らかに広範囲に影響を及ぼしますが、大切なのは、前向きな行為も同様に影響を及ぼしうるということです。実際、誰でも、組織のどんな場所でも、前向きな違いを生み出すことができるのです。

あるスタッフは認知症がある人と温かくユーモアのある会話をしました。相手は気分がよくなり、午後に息子が訪ねて来たときも上機嫌なままでした。父親が笑みを浮かべているのを見て、息子は大いに励まされました。息子は父親を施設に入れたことでとても罪悪感を覚えていましたが、いまでは将来をもう少し楽観視できるようになりました。

前向きな事例を強調し、それをチーム内で発見することで、スタッフが自分の行為の前向きな波及効果を意識するよう、リーダーは支援します。たとえば、引き継ぎのミーティングで、波及効果を教えるのです。これは自分の接する利用者のよい状態に与える影響力をスタッフに意識させる、重要なプロセスです。（前述の最初の事例のように）結果が否定的な場合はプロセスの分析が重要ですが、行為の悪影響のことで公然とスタッフを非難しない配慮が必要です。建設的なフィードバック（第4章で詳述）のプロセスのほうが、洞察と改善をはるかにもたらすはずです。

チームワークの成功は、お互いを尊重する関係性にかかっています。各チームメンバーがその役割とグループへの貢献を理解し、その果たす役割を高く評

価するのです。優先順位を共有することでチーム内の信頼関係が生まれ、チーム内の異なるシフトのスタッフや他の職種間での協力意識が育ちます。リーダーはすべての前向きな事例を高く評価し、チームメンバーがお互いに前向きな影響を与えるように支援しましょう。

本章の要点

要　点	リーダーがすること
リーダーはパーソンセンタードケアの模範となるべきである	利用者と関わる。スタッフに採用してほしいと願うアプローチで、スタッフがすべきことをすべてしているのを見せる
パーソンセンタードなリーダーシップには自信を与えることが必須である	スタッフに役割への備えが確実にあるようにし、強みを活かせるように励ます
パーソンセンタードケアにはやる気が大いに必要である	何が個人をやる気にさせるのか理解する。スタッフの仕事とアイデアを尊重し、高く評価する
ケアの文化の変革には上層部同様にチーム内のリーダーが必要である	チーム内のリーダーシップの可能性を模索し、新しいリーダーが具体的な責任を担えるよう自信を与える
パーソンセンタードケアにはスタッフの感情的関わりが必要である	注意深く話を聴き、共感を示し、時間を与えることでスタッフへの感情的支援をする
パーソンセンタードケアには協力的なチームワークが鍵である	敬意あるコミュニケーションの模範を示す。個人の貢献の影響を強調する

第3章 スタッフに自信を与え、支援しよう

第4章
学びの文化を創造しよう
～研修と思慮深い実践の役割～

本章の学び

- どのようにして研修から最善の結果を得るかの検討
- 役立つ学びの手段としての観察の検討
- スタッフが自分の経験から学ぶために支援する重要性の認識
- 質問やよくない実践への建設的なフィードバックを通して、思慮深い実践をいかにうながすかの把握

　パーソンセンタードケアは一人ひとりについて学ぶことを通してのみ可能です。そして一人ひとりのニーズは絶え間なく変わり続けます。そのため、パーソンセンタードケアを目指すならば、学びの文化を育てなければなりません。これには優れた研修だけでなく、もっと重要な、職場での指導も含まれます。経験から学ぶことを支援するためです。

1. 研修から最善の結果を得る

ふさわしい研修を見つける

　認知症の研修は、いまやイギリスにおいて国の重要課題として取り上げられ

るようになりました。国家認知症戦略によって「認知症がある人のための、情報提供を受け、効果的な労働力」(保健省 2009 年) が奨励されたからです。新規採用者のための包括的な研修プログラムは不可欠です。そしてスタッフが経験を積むにつれ、新たに現れるニーズに対応するためにさらなる研修が必要になるでしょう。研修は長年勤務しているスタッフにとっても同様に重要です。最新の知識と実践を学び、新しいスキルを育て、やる気を高めるためです。しかし、必要な学びのうち座学で達成できるのはほんの一部であり、スタッフのニーズや懸念に具体的に合った研修コースに参加している場合だけだと認識しておくことはとても大切です。

　研修は、それ自体が目的化してしまうことがあまりにも多いのです。管理者はスタッフを研修に送り出せば、よりよい仕事ができるようになって帰ってくると思いがちです。しかし、重要なのは、スタッフが研修に参加することではなく、実際にそこから学ぶことです。研修に参加しても、まったく役立たないことだってありうるのです。特に、内容が必要でもないし仕事にも関係ないと感じていれば学ぶ意欲がわかないでしょう。経験豊富な多くのスタッフにとって、新しい考え方に直面することは実に脅威を覚えるものだと理解しておきましょう。それまで長年自分たちがやってきた方法が最善ではないと突きつけられるのですから。

　参加者が実際に学べるように支援するには、研修には単なる情報提供以上のものが必要です。座って講義を聴くだけで学べる人は多くありません。研修が参加型で、異なる学びのスタイルに対応し、スタッフがいかに学びを実践に移せるかについて現実的に指導できることが重要です。研修は参加者に合った適切なレベルで行われ、参加者の能力や経験の不足を補いながら、すでにある知識に積み上げていく必要があります。

　どの現場にも共通の研修ニーズがあります。たとえば、認知症とは何か、そ

の状態とともに生きるとはどういうことかを学ぶこと、そして第2章で特定したよくある間違った考えや情報を「捨て去る」ことです。認知症についての事実情報だけに焦点をあてた研修ではほとんど役立ちません。スタッフは認知症がある人をどう支援するかについての指導も必要としているのであり、それがもっとも肝心なことです。参加者の求めるものを特定するために、何らかの研修ニーズ分析を行うことも重要です。こうすることでもっともふさわしい研修を依頼することができ、参加者の関心のある領域に焦点をあてることができるので、参加者の満足度も上がるでしょう。

新しい学びを取り入れることを支援する

　研修だけでは態度や実践を変えることはできません。研修後にスタッフがその洞察をまとめ、学びを実践に移すために、リーダーには主要な役割があります。まずは、ただ関心を示すことから始めましょう。新しい学びについて話すようにうながし、その結果としてやり方を変えようと思っていることについて、考えを深めてもらいましょう。

　具体的なことについて話をすると役立つものです。たとえば、現在引きこもっているように見える特定の利用者について、新しく学んだコミュニケーション技法をスタッフがどう試すかということです。研修の結果生まれた新しいアイデアを、共有してくれるようにスタッフに頼みましょう。たとえば、作業とアクティビティについての研修に参加したスタッフがいれば、利用者のための新しいアクティビティを率先して考えてくれるようにうながしましょう。リードする権限を与える一方で、スタッフに必要な資源があればそれを利用できるように支援する準備をしておきましょう。

　何よりも、スタッフが研修から恩恵を受けるのは、それが職場全体に反映されている一貫した哲学に基づく、より広範な人材育成戦略の一部であればこそ

> **WORK**
> **あなたのスタッフが参加する認知症研修を考えてみましょう。**
> ・それは十分なものでしょうか？
> ・主な学びの要点は何でしょうか？
> ・それは態度や実践に影響を及ぼしますか？
> ・スタッフが学びを取り入れるのを支援するために、もっとあなたにできることがありますか？
> ・結果を改善するために研修自体に必要な変更はありますか？

です。たとえば、スタッフが研修から戻り、まさに学んだばかりのアプローチを職場のリーダーが行っているのを見たら、その新しい学びが統合されるでしょう。しかし、目にするものが違えば、新しい学びはすぐに失われてしまうでしょう。

外部の研修も重要ですが、それとともに、職場内での学びも必須です。これはつまり、指導し、模範を示し、経験を通じて学ぶという、パーソンセンタードケアのもっとも重要な学びをうながす主要な役割をリーダーが担っているということです。

スタッフの観察技術を育てる

観察は、経験を通じて学ぶ重要な方法になりえます。スタッフが相手のよい状態を観察しているとき、その人のニーズをもっと意識するようになり、その人の行動をそれまでとは違う目で見ることができ、自分の仕事がその人に与える前向きな、あるいは否定的な効果に気づくことができるようになります。他の種類の観察も、スタッフがやってみると役立つ学びになりえます。忙しいスタッフは、思い込みをして、細かいところを見落としがちです。通常の業務か

ら離れて代わりに観察する時間を30分間各スタッフに定期的に与えることは、見過ごしていたことに気づき、それについてよく考えるようにうながす素晴らしい方法です。

　観察は全般的なものでもいいですし、具体的な懸念や、特定の人に注目することもできるでしょう。重要なのは、観察をする前にパラメーター、つまり結果に影響を与える要因を設定することと、何を求めて観察するかについてのアイデアをスタッフが打ち出すことです。

- ラウンジにいる人たちに注目するようにスタッフをうながしましょう。退屈している様子がないか探したり、積極的に参加していることがないか気づいてもらいましょう。
- 昼食時の全般的な雰囲気を観察するようにうながしましょう。騒音レベルに特に注意を払ってもらいます。
- 特定の人を観察するようにうながしましょう。たとえば、ムリエルに痛みの兆候はないか、悩んでいないか、何が原因なのかといった特定のことを見つけてもらうのです。

　最後の事例は、結論にすぐに飛びつきがちなスタッフや、ムリエルがどうして突然怒りの言葉を浴びせるのか、その理由を理解しようとしているスタッフには特に役立つでしょう。また、認知症がある人のニーズを理解するには、非言語のコミュニケーションに注意を払うことが常に大切なのだとスタッフに気づかせてくれるでしょう。

　観察する時間をもつことで、日常業務をこなす中からは生まれない洞察がもたらされるのは明らかです。重要なのは、そのような観察はすべてすぐに報告会をもち、どんなことに気づいたかを話し、洞察を引き出すことです。そして、

その洞察をもとに、個人が何をするのかを検討する必要があります。つまり、どのようにこれを受け容れられるような方法でチームにフィードバックするか（その人が同僚を批判していると解釈されることがないようにする）、そしていつそれを行うかです。

3. スタッフが自分の実践についてよく考える支援をする

　観察後の報告会は、学びのプロセスにとって欠かせません。よく言われているように、経験からこそもっともよく学べるのです。たとえば、失敗から学ぶということはなじみ深いでしょう。けれどもエイリン・クラップ（ヨークバー、ソマーズとギア 2006 年に引用）が指摘するように、「大人は経験から学ぶのではなく、経験を処理することから学ぶのです」。つまり、経験から学ぶためには、その経験について考えなくてはならないのです。そうしなければ、その経験をする前と比べて進歩することはなく、同じ過ちを繰り返しがちです。

　思慮深い実践（自分のしていることについて考え、そこから学ぶこと）はパーソンセンタードケアの中心です。認知症がある一人ひとりが独自のニーズをもつ個人だといったん理解できれば、ケアを提供する唯一の方法などないという結論に至るのは必至でしょう。世界中のどんな指針も、施設に入居したばかりのドロシーについて教えてはくれません。自分たち自身でドロシーのことを知り、一つひとつのやりとりから、ドロシーを知る人たちから教えられた一つひとつの情報から、学ばなければならないのです。

　思慮深い実践のプロセスは（たとえばコルブ 1983 年によって）4つの段階を含むサイクルとして説明することができます。各段階が、次の段階へとつながります（図1も参照）。

> 1. 経験をする
> 2. その経験についてよく考える
> 3. 結論を導き出し、その経験から学ぶ
> 4. 自分の学びをどう活かすか決め、次のステップを計画する

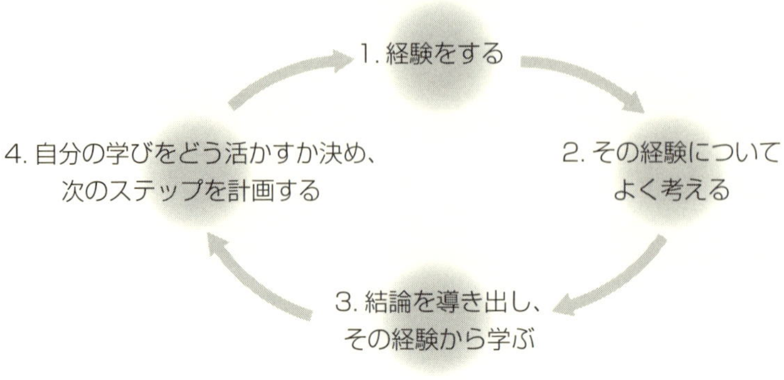

図1：学習サイクル　　（コルブ1983年より引用）

1. 経験をする
　ドロシーの入浴介助について彼女と会話をする。身体を洗うのに手助けが要るために、とても恥ずかしく感じていることをドロシーは話す。

2. その経験についてよく考える
　何が特にドロシーにとって恥ずかしいのか、身体を洗う手助けをする間にどうすればその恥ずかしさを最小限に抑えられるかを考える。

3. 結論を導き出し、その経験から学ぶ
　ドロシーにとって主な問題は、どのスタッフのこともまだよく知らないので、自分の身体を見られたくないことだと認識する。

4. 自分の学びをどう活かすか決め、次のステップを計画する
　ドロシーがスタッフのことをいまよりもっと知ることができるように、毎朝、入浴介助の前に少しおしゃべりをする時間を設けることにする。ドロシーが

プライバシーと尊厳を最大限維持できるように、身体を洗う手助けをしてもらう間ずっと、身体を隠すのに十分な大きさのバスタオルを使う。

次のステップ（学習サイクルの「1. 経験をする」に戻ります）は、その計画を行動に移す機会です。

ドロシーの入浴介助の例は、パーソンセンタードケアの提供における学習サイクルの活用をそのままあてはめたものです。これは単純な状況ですが、よほど鈍感な人でなければ、ドロシーの言ったことと、どのようにしてその望みに対応するかを理解するでしょう。

しかし、実際には、多くの状況はこれほど単純ではありません。特に事態を複雑にするのは、認知症によってコミュニケーション能力が往々にして影響を受けることです。そのため、ドロシーの恥ずかしさを理解するには、単に彼女の話に耳を傾ける以上のことがスタッフには求められるでしょう。

ドロシーは協力を拒むことによって、自分の感じている恥ずかしさを伝えようとするかもしれません。おそらく、ベッドから出て浴室に行くのに、スタッフについていくのをすごく嫌がるでしょう。

たとえ浴室に行っても、寝間着を脱ぐのを嫌がるでしょう。顔の表情や態度で機嫌が悪いことを非言語で表現するかもしれません。苦しそうな声を出すかもしれません。もしスタッフ（おそらくは自分の担当する業務をやり遂げることに気をとられている）が入浴するよう主張すれば（そしておそらくドロシーの寝間着を脱がせ始めたら）、ドロシーは多分叫んで、スタッフを押しのけるか、攻撃してくるでしょう。

この状況でのドロシーのメッセージは、「身体を洗うのに手助けが要るのが

恥ずかしくて、身体を見られたくない」という最初の事例でのメッセージと明らかに同じです。唯一の違いは、ドロシーのコミュニケーション能力です。しかし、このような状況でよくある問題は、その人のメッセージが理解されないということです。グラハム・ストークス（2008年）が述べているように、その人がそのように反応する理由を理解しようとする試みがなされないことが典型的なのです。なぜならその反応はスタッフによって挑戦的だと受け止められ、「問題行動」は認知症の症状だと見なされるからです。だからストークスが述べるように、「認知症だから」というあからさまな理由が信じられているために、誰も理由を探そうとしないのです。

　第２章で見たように、私たちは認知症についての間違った情報と役に立たない思い込みに悩まされてきました。そしてもしこれらがドロシーの事例のような経験をよく考える際に用いられたら、学習サイクルは行き詰まるか、「よく考える」段階のプロセスで逸脱してしまいます。また循環する代わりに、壁に行きあたってしまうのです（図２を参照）。

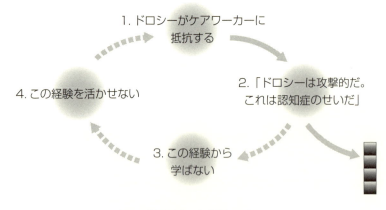

図２：行き詰まった学習サイクル

この状況では、役立つ結論を導き出すことはできませんし、今後の対応のための計画を立てることもできません。もし「認知症のせい」と考えているのならば、「認知症って大変よね」という以外にどんな結論を導き出すことができるというのでしょう。思慮深い実践を支援し、このような役に立たない軌道にはまりこまないようにすることがリーダーの重要な役割です。
　これから、思慮深い実践をリーダーが手助けする方法をいくつか見ていきましょう。

質問をすることで思慮深い実践を導く

　スタッフの思慮深い実践を育むために、リーダーが支援できる方法の一つが、よく考え、結論を出し、計画を立てるプロセスをうながす質問をすることです。質問はとてもオープンで、スタッフにその状況について考えていることを分かち合うようにうながすだけのものかもしれません。あるいは、自分がどんな想定をしていたのか、次回はどんな違う対応をできるかにスタッフが気づく支援となるように、リーダーは具体的な質問をする必要があるかもしれません。

　ドロシーの入浴介助の拒否についてスタッフがよく考えるよう支援するには、以下のような質問が役立つでしょう。
・どうしてドロシーは協力してくれないのだと思いますか？
・ドロシーは、顔の表情や態度で何を伝えていたのでしょう？
・身体を洗うのにスタッフの手助けが要るとしたら、あなたはどう感じますか？
・ドロシーは、どう感じていたのだと思いますか？
・ドロシーは、あなたが誰だかわかっていたと思いますか？
・ドロシーは、あなたが何をしようとしていたかわかっていましたか？

第4章　学びの文化を創造しよう〜研修と思慮深い実践の役割〜

- ドロシーが理解できるように、あなたにもっと何かできたでしょうか？
- あなたとドロシーの関係は、どのようなものですか？
- ドロシーは、あなたのことを信頼していると思いますか？
- どうすればもっと親しい関係を築いて、ドロシーにもっと信頼してもらえるでしょうか？
- ドロシーがいまよりも恥ずかしく感じないですむように、何ができるでしょうか？

・・・

　これらの質問に答えていくことで、ドロシーの感情やニーズ、そしてそれにどう対応できるかについて、スタッフの意識が高まるでしょう。

　リーダーはこれらの質問のいくつか、あるいはすべての答えを知っているか、推測できるでしょう。実際、スタッフが「ドロシーがまた始めました」と報告に来たとき、質問するのを避けて自分自身の考えと結論を伝えたほうが早いし簡単だと感じるかもしれません。「ドロシーは明らかに恥ずかしがっていたし、何が起きているかわかっていなかったわ。あなたはドロシーのことをもっと知る必要があるわ。あなたが何をしているか説明して、もっと大きいバスタオルをあげてちょうだい」と。

　アドバイスをするのが前に進むために最善の方法である場合もありますが、このやり方には二つの問題があります。第一に、リーダーは通常はすべての答えをもっていません。現場のスタッフのほうが、利用者とやりとりをしていますし、より深い知識があるでしょう。ですから前に進むための最善の方法を見つけるには、スタッフの意見が本当に必要となることが多いのです。リーダーのアドバイスは、その人や状況についての完全な理解に基づいたものではないかもしれず、そのために役にも立たず、当てはまらないかもしれません。第二に、質問するよりも答えを与えてしまうことは、単に効果が小さいのです。お

そらくスタッフは次回、あなたのアドバイスに基づいて行動することを覚えているでしょうが、そうしないことも同様に考えられます。あなたの提案に同意しないかもしれません。おそらく十分に理解していないか、あるいはあなたの提案を単に忘れてしまって古い習慣で行動してしまうでしょう。もしスタッフがアドバイスに基づいて行動し、その結果ドロシーの入浴介助がスムーズに行えたら、スタッフはこの経験から学んでよりよい実践を続けてくれると期待できます。けれどもドロシーの反応がすぐには変わらなければ、以前の実践に戻ってしまうでしょう。それは、スタッフ自身がよく考えて結論を導き出すというプロセスに関わっていないためで、この計画に本当の意味で労力を注いでいないからです。

　スタッフが自分で解決するように支援すれば、はるかに深い学びが生まれます。あなたがすでに到達した結論にスタッフが到達するには時間がかかるかもしれませんが、ずっとよく覚えていますし、それに基づいて行動し、自分で計画したように進めていくことを決意しているでしょう。適切な質問をすることで、スタッフが表面的な部分を超えて物事を見て、共感を育み、行動を通して伝えられる意味を理解し、その人自身とそのニーズについて理解を深めるのをうながすことができます。一般原則を知ることで、異なる状況や異なる人により広範に適用できることまでも学ぶかもしれません。質問する際、スタッフが身構えるような尋ね方をしないことが大切です。たとえば、「どうしてあなたは……」というのはやめましょう。学びを手助けする質問というよりも、叱責になってしまうからです。質問は誤りや弱さを強調するためのものではなく、スタッフが検討するべき領域を示して学びをうながすためのものです。そしてスタッフがいったん何らかの洞察を得られたら、それをどう活かすか話すようにうながしましょう。自分の考えを言葉にして表現し、耳を傾けてもらうと、自分の意図に基づいて行動し、計画を行動に移すようになるものです。

> **WORK**
>
> 何かを言われることと、何かを自分自身で発見することとの違いについて考えてみましょう。
> ・どちらの学びがより強力でしょうか？
> ・どちらがより記憶に残るでしょうか？

　学習サイクルを通じてスタッフを指導すること、もしくは「行動についてよく考えること」（シェーン 1987 年）で、スタッフは自立して考え始めるようにもなります。ですからその場その場での反応がもっとよくなり、「行動しながらよく考える」能力を育てます。これは、認知症がある人の複雑で変化し続けるニーズにスタッフが対応していくためには欠かせません。感受性が豊かで、反応が早く、柔軟であることはパーソンセンタードケアになくてはならないものです。そしてこれらはいずれも「行動しながらよく考える」ことを必要とします。

フィードバックを与える

　私は、認知症がある人のために職場を改善しようとする熱心な多くのリーダーに会ってきました。スタッフのうち少数の（もしくは多数の）態度の悪さや業務中心の考え方に絶望して、よくない実践を何とかしようと決意しているリーダーです。その情熱と決意は賞賛に値します。それがなければ物事は決して変わらないからです。けれども重要なのは、本物の、この先も続く変化をもたらすような戦略へとその情熱を向けることです。どれだけの情熱をリーダーがもっていても、ケアの文化をたったひとりで変革することは誰にもできません。組織内の物事を変革する方法は、人に一緒に行動してもらうことなのです。

　ですから、よくない実践に気づいたら、これをどのようにしてもっとも役立つように伝えるかを考えましょう。スタッフにその実践は間違っていると伝え

たり、おそらくそのために解雇すると伝えたりしたくなります。実際、よくない実践を目撃し、そのことについて強い感情があれば、これは自然な反応です。けれども残念ながら、叱責しても、スタッフは改善しようという気にはなりません。むしろ、批判を受けて、スタッフが怒ったりがっかりしたりということになりがちです。自己保身に走って、理屈を並べたり言い訳をしたりするかもしれません。批判的だからという理由であなたの評価が下がるかもしれません。その場合は言われたことを心の中で無視してしまうでしょう。せいぜい、見られているときにやってはいけないことを学ぶくらいでしょう。これではもっと広く実践を改善することにならないのは明らかです。

正しいと認める

　スタッフが自分の間違いを認識し、そこから学べるようにするためには、（直感と反するように思えるかもしれませんが）スタッフが自分の成功について学べるようにする用意をしなくてはなりません。自分の間違いについて聞かされるよりも、正しくできたことを伝えてもらうほうが、人ははるかに多くのものを学ぶのです。前向きな行動の正しさを認めてもらったスタッフは、きっと同じ行動を繰り返すでしょう。これに対して、間違ったことをして叱責されたスタッフは、ただ不満を抱くだけでしょう。実際、前向きなやり方を確立し、維持するには、正しいと認めることが欠かせません。そうしなければ、よい実践は次第にすたれ、なくなってしまうでしょう。

　本書を読んでいるリーダーのあなたが、スタッフをほめたり、感謝したりした最近の出来事を思い出してくれるといいのですが。それはスーパービジョンやパフォーマンスと成長レビューのような正式な状況だったのかもしれません。あるいは、スタッフが期待を上回ることをしているのを評価しての、その場でのものだったかもしれません。たとえば、気分を害した入居者をなだめる

ためにシフトの後も残っていたスタッフや、自分の休みの日に入院中の利用者を訪問したスタッフ、利用者全員が楽しめる新しいアクティビティを開発したデイサービスのスタッフ。これらの実践はもちろん、大いにその正しさを認められるに値します！

　けれどもスタッフがまさにすべきことをしたとき、あなたはどれくらいほめているでしょうか？　たとえば、入居者と食堂に行く間に楽しげに話しかけていたスタッフがいたとしましょう。その出来事のあと、その正しさを認める言葉をかけていますか？　もしかしたら、かけていないかもしれません。スタッフが単にきちんとその仕事をしているのは、通りすがりに注意を引く以上の特別な「出来事」ではないでしょうから。だけどこのような日々のよい実践をほめるようになると、そのスタッフが入居者を次回どこかに連れていくときにも話しかける可能性が高まります。そして他の入居者にも話しかけるようになるでしょうし、他のスタッフもそれに従うかもしれません。こうしてよい実践の種に水がまかれ、肥料が与えられるのです。

　正しさを認めるのにもっとも手助けとなるのは、単に「ありがとう」と言うことだけではありません。感謝を伝えるのに問題があるということではありません。実際、ありがとうと言うことは、スタッフが感謝されていると感じ、やる気を維持するためには欠かせません。けれどもそれよりもっと具体的に正しさを認めることで、スタッフは自分の価値を感じられるだけでなく、自分のしたことの中で何が特に価値のあることかを学び、自分のスキルに自信をもてる

WORK

- あなたはいつもスタッフが何かよいことをしたときに言葉をかけていますか？
- それとも何か間違ったことをしたときにそうしがちですか？
- 気づいたけれども言葉をかけなかった最近のよい実践の例を思いつきますか？

ようになるのです。だから正しさを認めることは、基準となるものと自分に期待されているものを明確にすることで、よい実践とは何かを確認し、確立することになるのです。

　この戦略を活用するには、あなたが目にしたスタッフと入居者のやりとりをただほめればいい場合もあります。たとえば、「メアリーが昼食をとるのを介助する間、辛抱強くよくがんばったわね」というように。あるいは、スタッフの努力にあなたが気づいていることを知らせるだけでもかまいません。「昼食のとき、メアリーに対して本当に辛抱強かったわね」というように。スタッフの中には、そんな言葉は不要であるかのようにはねのける人もいるでしょう。けれどもだまされてはいけません。たとえ少しきまりの悪い思いをする人がいたとしても、前向きな反応をもらうのが本当に嫌いな人なんていないのですから。きまり悪く感じるのは、その人が人生の中で十分に前向きな反応をもらってこなかったからかもしれません。ただし、正しさを認める際には、特定の人をひいきしたり、皮肉になったりしないようにしましょう。

　正しさを認める際は、「あれはいいやりとりだったわね」などのはっきりしない言葉ではなく、できるだけ具体的に示しましょう。あなたが観察したよい実践の性質に沿って、スタッフの行為の何がよかったのか、詳細に言葉にすることは大いに役立ちます。

- ●「さっき、ジョージに本当に優しい声のトーンで話しかけていたのを聞いたわ……あれはとてもジョージの助けになったのよ。朝はずっとひどく心配していたんだから。あなたと一緒に過ごしてから、朝よりはるかに落ち着いて幸せそうになったのよ」
- ●「ジョイスがコートを着るのを手伝っていたとき、できることは全部自分でするように機会をちゃんと与えてあげていたでしょう……いちばん上

のボタン穴はどこにあるかだけを教えて、そうでしょう？　それからジョイスはボタンを全部自分でとめられたわ。自分で達成する支援をしたというのは、本当に大切なことよ」
- ●「さっき廊下でマーガレットがあなたに話しかけてきたとき、立ち止まって話を聴いてあげたのはとてもいいことだったわ。急いでいたでしょうけど、マーガレットが自分は大事な存在じゃないんだって感じることのないように、あなたは本当に慎重に接していたわ。実際、話していたのはほんの20秒ほどだったけど、マーガレットは立ち去るときはにっこりしていたのよ！」

　スタッフのやり方について前向きな言葉をかけるのは、正しいと認めるのにもっとも手早く、簡単な方法の一つです。よい実践を正しいと認める方法はほかにもあります。たとえば、その実践についてスタッフミーティングで話をする、ニュースレターに書く、何かよいことをしたスタッフに対して、同じことをしようとしているスタッフに教えたり支援したりするように頼む、などです。
　前向きなケアの文化を確立し、維持するうえで、よい実践を正しいと認めることの重要性を過小評価してはいけません。正しいと認めることは常になされるべきです。理想を言えば、管理者だけでなく同僚もそうするべきです。前向きなケアの文化では、言葉をかけるべきよい実践が常に行われています。もしそのような言葉が自然に出てこないなら、正しいと認める言葉が自然に出てくるようになるまで練習するだけの価値が本当にあります。
　正しいと認めることはまた、実践の改善に主要な役割を果たすことになります。よくない実践がされている領域があり、あなたがそれに対して闘い続けているとしましょう。あなたは何回もスタッフに注意したかもしれませんが、十分な改善はなされていません。

> もしかしたら、座っている相手に話しかけるときにスタッフは立ったままでいる習慣があるかもしれません。あなたがうながして思い出させるにもかかわらず、多くのスタッフはコミュニケーションをとるときに、相手の目線の高さに合わせるのを頻繁に忘れてしまいます。きちんとやっているのを目にすることはまれです。

　事例にあるようにまれにきちんとやっているときこそ、まさにそれを正しいと認める機会なのです。スタッフがそうしていないときに思い出させ続けなくてもいいわけではありませんが、望ましい実践を目にしたときに前向きな言葉をかけることもしなければ意味がないでしょう。

　よい実践をあなた自身が目にすれば反応もしやすいのですが、ケアの状況によってはそれはまれです。たとえば、在宅ケアサービスのリーダーは、施設と同じようにはケア実践を把握することができません。それでも、よい実践を目にしたら、十分で建設的なフィードバックをそのヘルパーに与えることが欠かせません。そしてサービス利用者、その家族や他の専門職からのフィードバックは、すべてスタッフと共有するべきです。

建設的なフィードバック

　フィードバックをするときはいつでも、正しいと認めることをそこに含めるべきです。けれども間違いがあったときは、それにも言及しなければいけませんし、どのように言及するのがいちばんいいかを考えることが重要です。スタッフは攻撃されていると感じると自己防衛に走りがちです。実際、何が間違っていたかをただ相手に伝えることにはあまり意味がないのです。たとえそれが懲罰の場面であってもです。なぜなら何をしてはいけないかを教えるだけで、

代わりに何をすべきかについてなんの指針も与えないからです。思慮深い実践が基準となるような学びの文化を育てるという目標を念頭において、スタッフが間違いと同様に成功も含め、自分の実践のすべての側面から学べるように支援しましょう。

その手始めとなるのは、模範としてのリーダーです。経験から学ぶことに関しては、リーダーは自分の間違いについてオープンになる必要があります。何を間違えたのかを認め、何をよりよくできたかについてスタッフにアドバイスを求め、「知ったかぶり」をしないことを明確にするのです。ウェッブ（1995年）の説明によれば、思慮深い実践にはオープンさと、正しくある必要性を手放すことが必要なのです。

建設的なフィードバックに役立つ、覚えやすいモデルは'www.ebi'、つまり「何がうまくいったのか（what went well）」、そして「こうすればさらによかった（even better if）」です。何かをどれだけうまくやっても、実践にはさらに改善の余地があるものです。その人のよい実践のすべての側面の正しさが認められ、何がうまくいったのかについての情報のフィードバックをその人が受け取っていると確認したら、これらの前向きな実践はその人がさらにそのスキルを向上させる支援を受ける土台となります。'www.ebi' は次のように活用します。

あなたはスタッフがふたりの入居者と庭を散歩しているのに気づきます。ふたりとも認知症があります。スタッフは間にいて、ふたりの腕に手をかけ、ゆっくりと歩いています。ひとりの入居者はとてもよく話をしていて、散歩をしながらスタッフはよく相手をしています。もうひとりの入居者は静かですが（よく引きこもっています）、庭の花を眺めるのを楽しんでいるようです。庭での10分間の散歩の間、スタッフの注意はおしゃべりな入居者に向けられてい

ました。もうひとりの入居者には時々目をやって微笑みかけるだけでした。

スタッフが施設内に戻ってふたりをラウンジに落ち着かせたあと、あなたはスタッフに少し話をしたいと伝えます。そこでは次のようなことを伝えます。

「ロディカとサラを庭の散歩に連れていったのは素晴らしいアイデアだったわね。ふたりのペースに合わせて歩いて、どちらにも素敵な笑顔を向けていたわ。ふたりの腕に手をかけている様子は、本当に愛情深くて打ち解けているようだったわ。ロディカの話をよく聴いて相手をしていたようだったけど、サラは少し取り残された気分だったんじゃないかしら？ サラも会話に加われるようにしてあげられたら、さらによかったんじゃないかしら。あるいはもっと注意を向けるとか。サラはあなたによく反応を見せるようだから、引きこもった状態から誰かが引き出すことができるとしたら、それはあなただと思うの」

●●●

建設的なフィードバックの目的は、相手にもっと成長してもらうことです。フィードバックは、継続的なスタッフ育成に重要で、前向きな変化に影響を及ぼします。だけどその目的を果たせるのは、フィードバックが公正でバランスがとれ、中立的な場合に限ります。正確でなければならず、「決して」「いつも」といった言葉で軽率に一般化してはいけません。そして相手が耳を傾け、理解できるように伝える必要があります。リーダーがどれだけ怒っていたとしても、感情のはけ口にしたり、相手に肩身の狭い思いをさせる機会にしては絶対にいけません。なぜならそうすることで、改善の機会を阻んでしまうからです。

フィードバックの初めと終わりを前向きな調子にすることも役立つでしょう。否定的な調子で始めてしまうと、相手はきちんと聞いてくれないかもしれません。そして否定的な調子で終えると、相手は前向きなフィードバックの部分をすぐに忘れてしまいます。前述のように、人は自分が何を正しく行ったか

教えてもらうことで、もっとも多くを学ぶのです。たとえそのよい実践が行為のほんの一部に過ぎなくてもです。だからこの情報がきちんと伝わるようにしましょう。このように始めと終わりを前向きな調子で伝えるフィードバックは「フィードバック・サンドイッチ」として知られています。ただし、この形式を使い過ぎないことです。なぜならスタッフは間にはさまれたサンドイッチの「否定的な具」ばかりを待ち構えることになり、そのために他のことに耳を貸さなくなるからです。もっとも役立つのは、リーダーからフィードバックを与える機会が定期的にあり、このフィードバックではスタッフの正しさを認めるようにする場合です。

　フィードバックの「こうすればさらによかった」という部分は、相手にはそれを正せるのだという前向きな見方と信念に基づかなくてはなりません。必要なことを達成するには、スタッフにはさらなる研修や指導が必要かもしれません。スタッフは現在の理解度とスキルで、自分の能力の範囲内でしか仕事ができません。現実的ではない理想論で提案をするのは生産的ではありません。また、フィードバックの際にスタッフの感情や反応を思いやることも重要です。人には吸収できる限度があるので、それを超えて続けると、フィードバックによってすでに学んだことを消してしまう危険があります。

よくない実践に対応する

　どんな力不足の場合にも建設的なフィードバックをすればいいわけではありません。ときには、リーダーは断固とした措置をとる必要があるでしょう。認知症がある人が虐待を受けていたり、スタッフのよくない実践や無知によってリスクにさらされている場合、リーダーは指示的になり、利用者を守るために必要な措置をとる以外の選択肢はありません。すべてのケアサービスは懲戒処分を備えるべきです。利用者を虐待から守るのに役立つだけでなく、スタッフ

に自分の行動、あるいは行動しないことの深刻さを理解させ、目標と最後通告を設定することでスタッフの育成をうながす道具として捉えるべきです。

スタッフには設定された要件を満たすのに必要な支援と研修を提供する必要があります。リーダーはその進捗を慎重に観察しましょう。最終的にスタッフがその実践を改善できない、あるいは改善する意思がない（いくら研修や指導や建設的なフィードバックを与えても前向きな変化が生まれない）場合、そのスタッフは認知症がある人たちと仕事を続けるのにふさわしくありません。けれどもスタッフによっては、懲戒処分がその実践を変えることをうながすのです。

スタッフの実践がよい実践にはほど遠い場合は多くあります。けれどもそのよくない実践は、懲戒の対象ではありません。たとえばスタッフが、思慮のない、急いだやり方で認知症がある人の力を奪ったり気分を害したりしたとします。その場合、建設的なフィードバックをすることは馬鹿げた考えに思えるでしょう。けれどもたとえこのような状況でも、可能であれば何か正しいと認められることを見つける必要があるのです。そうでなければ、スタッフの実践がさらに悪化する実際のリスクがあります。次の事例を考えてみましょう。

> デイサービスで働くカーラは、利用者のクライヴと一緒にテーブルについています。彼が昼食を食べるのを介助している、というより率直に言って餌を与えているようです。というのは、クライヴはフォークを手に持たせてもらって口頭でうながされれば自分で食べられるのに、カーラはそのいずれもしていないからです。フォークで食べ物をすくってクライヴの口に入れています。一口ごとに食べ終えるのを静かに待って、それからまた食べ物をすくって口に入れるのです。実際、「静かに」というのも正確な表現ではありません。隣のテーブルのスタッフとしょっちゅうおしゃべりをしていますから。

第4章　学びの文化を創造しよう〜研修と思慮深い実践の役割〜

これが望ましいやり方にほど遠いのは明らかですし、カーラの実践には不満な点が多くあります。もちろん、カーラを呼びつけて叱りつけることもできます。改善しなくてはならない点を並べ立てて改善のスケジュールを設定することもできます。これこそまさにカーラに必要なことだと感じるかもしれません。もちろん、これが受け容れられる実践ではないとカーラがわかっていたのなら、それでいいでしょう。しかし、ここで難問があります。もしカーラが実際にその情報を必要としているなら、それはカーラが知らなかったということであり、その情報に基づいて行動しなかったことを叱られるいわれはないということになります。つまり、他にどのようにしてクライヴの食事を介助すればいいか知らなかったのです。実際、もしその情報を知らなかったなら、知らずによくない実践をしたことで叱るのはまったく不公平です。むしろカーラに必要なのは初任者研修がなかったことへの謝罪と、研修のニーズに対応するまで内勤へすぐに配置転換してもらうことです。

　けれども実際には、カーラはよい実践とよくない実践の違いをおそらくすでに知っているでしょう。管理者が口を酸っぱくして何度も伝えたのですから。それならどうしてカーラの実践は変わっていないのでしょうか？　前述のように、学習サイクルというものがあります。経験から学ぶためにはそれを見直す必要があります。管理者が食事のときにどのように利用者を介助するか説明し、スタッフがその指針を守っていないときに叱ってきたことを考えるなら、どんな結論が導かれるでしょうか？　おそらく、もし本当に事態を変えたいならば、違うやり方を試す価値があるという結論になるでしょう。

　もし管理者が「何がうまくいったのか」「こうすればさらによかった」モデルを使うなら、まずは「何がうまくいったのか」を見つける必要があります。最初は見当たらないかもしれませんが、実際には、即時解雇になるような実践でない限り、どれだけささやかであっても必ず何かしらよいところがあるもの

> **WORK**
>
> あなたが目にしたよくない実践に、どのような「よいところ」を見つけられますか？ スタッフが正しくやっていることが何か一つでもあるならば、それが完全になくなってしまう前にその正しさを認めることが大切です。

なのです。カーラの事例では、正しくやっていたことがいくつかあります。

1. カーラは座って介助していました
2. ひとりの利用者と食事の間中一緒にいました
3. 利用者がひと口食べ終えるまで、次のひと口を食べさせるのを待っていました
4. 他のスタッフと話をしていましたが、ほんの短い間だけで、一緒にいる利用者について見下した言葉で話していたわけではありませんでした（さらにひどいことをしなかったからといって何か正しいことをしたといえるのかは少し疑わしいですが！ それでも何かしらよいところではあるのです）

すると、建設的なフィードバックは次のようになります。

「今日、昼食の間中あなたがクライヴについているのを見て本当にうれしかったわ。座っていたのもよかったわね。介助する相手と視線の高さを合わせることで敬意を伝えていたわ。次回はクライヴが自分の能力を活かす機会をもっと与えてあげたら、さらに敬意を伝えられると思うの。フォークを手にするのを手助けしたら、あとはやさしく声をかけてうながしてあげるだけでいいわ。同僚と話をする代わりに、クライヴに注意を向けてみてね。クリケ

ットの話をしてみるといいかもしれないわ。少し時間がかかるかもしれないけれども、あなたは本当に辛抱強いものね。クライヴが飲み込むのを待って食事をさせていたのを見ていたからわかるわ。……やってみてどうだったか教えてね……」

4. 結 論

　現場で働く人はみな、ケアをされる人の生活の質に貢献しています。心からの笑顔によって生まれる温かい光から、通り過ぎるスタッフに無視されたことで経験する孤独感まで、あらゆる交流、もしくは交流がないことは、認知症がある人に何らかの影響を与えます。スタッフと認知症がある人のすべてのやりとりにリーダーが立ち会えるわけではないので、前向きな変化をリードするには、各スタッフを内面から導く態度ややる気に影響を与えることになります。思慮深い実践のための能力を育て、学びと成長を可能にするのです。

本章の要点

要点	リーダーがすること
研修はそれ自体が目的ではない	研修の内容と方法が参加者のニーズに基づくことを確認する。新しい学びを取り入れる支援をする
気づきと学びをうながすのに観察が役立つ	観察する時間をスタッフがもてるような機会をつくる
学習プロセスには経験し、よく考え、結論を出して計画することが含まれる	スタッフが自らの経験から学ぶ段階を通して成長するのを支援する
質問をすることでスタッフがよく考える能力を育てる支援ができる	スタッフが表面的な部分を超えて物事を見て、共感的な気づきを育てるのをうながすような、役立つ質問をする
正しさを認めることがなければ、よい実践はすたれてなくなってしまう	よい実践の日常的な側面を含め、よい実践に気づいて言葉をかける
建設的なフィードバックは相手をもっと成長させるのに役立つ	相手が（具体的に）何をよくできたのか、そして何をすればさらによかったかを繊細にかつ敬意をもって伝える

第5章
スタッフ、家族、そして専門家との効果的なコミュニケーションを確実なものにしよう

本章の学び

- パーソンセンタードケアを導くケアプラン作成方法の理解
- チーム内での口頭と書面でのコミュニケーションの効果をどのように最大化するかの検討
- 認知症がある人のためになるように、どのように外部の専門家と協力関係を築くかの理解
- 認知症がある人の家族や友人の支援ニーズを認識し、どのようにその前向きな関わりをうながすかの理解

　パーソンセンタードケアが実現できるかどうかは、関わる人たち全員の効果的なコミュニケーションにかかっています。まずは、第1章で検討したように、認知症がある人についての詳細な情報を集めて記録することです。このプロセスには、その人と直接関わる全員が参加するべきです。アセスメントは、照会時や定期的に行う、上の人の役割とだけ捉えていては決してうまくいきません。実際、アセスメントはスタッフの重要な役割なのです。リーダーはこのことを明確にしましょう。スタッフが見つけた情報を高く評価し、スタッフの努力を

賞賛しましょう。

1. 効果的なケアプランを作成する

　認知症がある人について、そしてその人がまわりの世界にどう関わるかについての深い知識を得ることを通して、はじめて思い込みを避けてその人のニーズを満たすケアプランを作成することができます。メイ、エドワーズとブルッカー（2009年）は「充実したケアプラン作成」のプロセスを説明しています。これは、一人ひとりのケアと支援ニーズはその生活史、ライフスタイル、将来の望み、性格、健康、能力、認知支援ニーズとそのときの生活に関する各自の認知症の経験から生じるという理解に基づいています。一人ひとりのケアの目標を確実に特定して対応するために、ケアプランを使って一人ひとりのニーズを伝えましょう。

ケアプランをコミュニケーションの手段として使う

　もちろん、もっとも重要なのは、スタッフがその人についての情報を把握していることです。たとえケアプランがなくても、スタッフがその人のことをよく知っていて、その知識をどう活かすかを理解していれば、パーソンセンタードケアを実践できます。けれども多くの人に関する詳細な情報を覚えておくことはたやすいことではありません。それに、もしこの知識を記録しておかなければ、パーソンセンタードケアを実践できるかどうかはスタッフの一貫性次第となり、それは決して保証できるものではありません。

　ケアプランの目的は、ケアと関わりを指導することです。ファイル上の情報は、活用されなければ何の意味もありません。

- チャールズがサッカーチームのアーセナルの熱心なファンだとわかることは、スタッフがこの情報を活用して会話を始めたり、テレビで試合があるときに教えたりしてはじめて重要性をもちます。
- グロリアはひとりで排泄ができるけれども、トイレを探せないと把握しておくことは重要です。それによって、尊厳を維持できるようにスタッフが不可欠な支援を提供できるからです。

悲しいことに、本来なら重要な指針として評価されるはずが、たいていケアプランは時間のかかる苛立たしいものと捉えられ、当局に求められているからという理由だけで作成されているのです。だから何らかの書面による記録はどこの職場にもあるものの、パーソンセンタードケアをうながし、実践するのに何の役割も果たせないのでしょう。

最悪の場合、ケアプランの中にはあまりに一般化されていて、利用者の名前をとってしまえば、誰のケアプランかわからないものもあるでしょう。なかには問題にだけ焦点をあてて強みを無視し、否定的な言葉が散見されるものもあります。ときには、その人の家庭環境や健康上のニーズなど、基本的な間違いすら見られます。ケアプランを作成するテンプレートがまさにパーソンセンタードケアの実践から遠ざかるものである場合も多いのです。たとえば、よくある「特定された問題やニーズ」という見出しは、ケアプランの各項目を問題に焦点をあてて記入してしまうことにつながります。

第2章で述べた否定的な思い込みに基づく間違った想定をすることで、ケアプランがケアの方向性を見失わせることもあります。たとえば、モードについて「認知症のせいでよく攻撃的になる」とケアプランに書いてあれば、スタッフはモードの悩みの原因を見つける必要性に注意が向かずに、「攻撃的」なの

は病気のせいに違いないと思い込むでしょう。さらに、「攻撃的」というのは具体的ではありません。乱暴な言葉から身体的暴力まであらゆるものを意味します。恐れや決まりの悪さ、怒りを含め、さまざまな感情の表現である可能性があります。言葉の使い方については本章で追ってさらに検討します。

　パーソンセンタードなケアプランを作成しようとしている組織ですら、役立つ情報が不足した長すぎる書類を作成してしまうことがよくあります。ウォーカーとマンターフィールド（2010年）は、ケアプランがあまりに漠然としていて明確さに欠けると指摘しました。たとえば「……に支援が必要」といった表現は、たいていはスタッフへのアドバイスにはなりません。そのため、その人が実際に必要とする支援の種類と程度をスタッフは自分で想定しなければなりません。「支援を提供」というのもケアプランによく登場する曖昧な表現で、どう支援するのかについて何の情報も提供しません。実際に役立つ指示は、具体的でなければいけません。

- ドリスが不安そうに階段を上り下りしているときは、しばらく一緒に歩いて、それから自室に行ってDVDを見るように提案すること。こうすればドリスはいつもリラックスする。
- ロバートには歯ブラシに歯磨き粉を乗せて渡すこと。そうすれば自分で歯を磨くことができる。

ケアプランを監査する

　パーソンセンタードケアを実践しようとしているリーダーは、ケアプランの監査に時間をとりましょう。次頁の表1の質問を考えてみると役立つでしょう。リーダーはまた、ケアプランが実践されているか見守り、それが現実に活用さ

れるようにしましょう。ファイルキャビネットの奥で埃をかぶっていることが決してないようにしましょう。

ケアプランを組み立てる

　パーソンセンタードなケアプランを作成するのは難しいものです。どのようにその人のニーズを満たし、強みを引き出し、嗜好に対応し、一般的によい状態を高めるかについて、完全で詳細な指針は重要です。その一方で、ケアプランがあまりにも長くなってしまうと、読んでもらえなくなります。ケアサービスによっては、何らかのサマリーシートをケアプランの冒頭に作成して、このジレンマを克服しています。そこには、その人がどういう人なのか、そしてケアニーズの重要な点が記載されています。これは、その人をよく知らないスタッフが情報を必要とするときのすぐに使える資料として役立ちますが、これだけですませずに、もっと時間に余裕のあるときにケアプラン全体を必ず見ておかなくてはいけません。

- ☐ 一人ひとりのケアプランは、その人の問題や困難と同様に、その人の強みと能力も特定していますか？
- ☐ ケアプランは（身体的ニーズだけでなく）ひとりの人間としてのその人のニーズに対応していますか？
- ☐ ケアプランは具体的で、何を、いつするなどの詳細を説明していますか？
- ☐ 24時間のサービス提供をしている場合、ケアプランはその人の日中のニーズと同様に夜間のニーズにも対応していますか？
- ☐ ケアプランはその人の望み、つまりスタッフに話した嗜好や、非言語や行動で示したことに基づいていますか？
- ☐ 一人ひとりのケアプランは否定的なレッテルや想定を避け、前向きな言葉で書かれていますか？

- [ ] 一人ひとりのケアプランは独自のものですか？（一人ひとりが独自な存在なので、一人ひとりのケアプランは他の人のケアプランとは違うはずです）
- [ ] 一人ひとりのケアプランは定期的に見直して日付を記入していますか？（物事はすぐに変わるので、すべての変更や新しい発見を素早くケアプランに追加することが重要です）
- [ ] スタッフ全員が、一人ひとりのケアプランの内容を把握し、いつ更新されたか認識していますか？
- [ ] 一人ひとりのケアプランは実践的で現実的ですか―ケアプランが示すことをスタッフは実行することができますか？（それを実行するための時間やスキルがありますか？）
- [ ] その人についての重要な情報とそのニーズをどう満たすかについてスタッフが気づいたら、この情報はケアプランに組み込まれますか？
- [ ] （たとえば家族など）その人を知っている主要な人たちの意見は、ケアプランの作成にあたって検討されましたか？
- [ ] 一人ひとりのケアプランはその人のケアの方向性を示す貴重な書類と捉えられていますか、それともただの面倒な書類仕事でしょうか？

表1：ケアプランのチェックリスト

ウォーカーとマンターフィールド（2010年）は、ケアプランを整理するためにアセスメントと情報のプランニングを分ける重要性を強調しています。これはまた、その人についての個人情報を安全に保管する一方で、「どのように」ケアをするかについての情報はスタッフが必要なときにすぐに使える場所に保管するということです。たとえば、身体的ケアについての情報は本人の寝室に保管することができます。ある施設では、入居者の服の好みと着替えに必要な支援についての情報は、シートにして衣装たんすのドアに貼っておくと一番役立つそうです。

よい実践を検討するうえで、個人情報に関する方針は、原則として必要最小限の人にだけ知らせ、情報共有をすることがとても重要です。ヘルパーは新しい利用者を訪問する前に、十分に説明を受けなければなりません。施設のスタッフは入居者を支援し、関わり、ケアをするためにすべての情報にアクセスできる必要があります。

2. スタッフ間の日々の効果的なコミュニケーションを確実にする

　ケアプランが最新のもので、一人ひとりの現在のニーズを全員が十分に認識するには、スタッフ間のよいコミュニケーションが重要です。

口頭でのコミュニケーション

　異なる種類の情報を、いつ、誰に伝えるか、そして明確に、正確に伝える必要性をスタッフが把握しておくことが重要です。誤解は容易に生じます。情報を伝えるほうも受け取るほうも、両方とも情報が正しく伝えられたことを確認する責任があります。これは日本語が母国語でない人の場合に特に重要です。日本語の特殊性が誤解されていないか、二重に確認する用意が関係者には必要です。誤解は深刻な結果を招くかもしれません。

●ある施設の入居者は新しい薬の服用を始めたばかりで、その薬にはグレープフルーツジュースが禁じられていました。けれどもチームリーダーがこの指示を入居者の担当者に伝えたとき、「グレープフルーツジュース」が「グレープジュース」と誤解されました。違う飲み物が禁止され、(しばらく後で間違いに気づくまで)命に関わるかもしれない朝の一杯のグレープフルーツジュースを入居者は飲み続けたのです。

●リーダーはまた、スタッフが認知症がある人について話すときの言葉や表現にも気をつけるべきです。言語でのコミュニケーションについては本章で追って検討します。

書面でのコミュニケーション

　書面にすることは、情報が明確に伝えられたと確認するのに役立ちます。多くの施設では、スタッフは利用者のよい状態や提供されたケアについて、おそらくは連絡帳や業務日誌という形で記録を提供する責任があります。これらの記録には、(ケアプランに概説されているように)その人のニーズがどれだけ満たされたかを記すべきです。そして厄介な出来事や健康状態がよくない兆候など、気がかりな情報も含めなければなりません。これらの記録は法律文書となり、たとえば安全防護対策調査や検死法廷での証拠として用いられます。ですから情報を明確に、そして正確に記録することが欠かせません。

　毎日の書面による記録や(たとえば施設での引き継ぎのミーティングでの)口頭でのやりとりは、情報が失われないこと、そしてどんな変更にも素早く対応することを確実にするべきです。けれども、これらの業務日誌に記録される情報は一般化されていることがよくあります。「十分に睡眠と食事をとりました。排泄しました。午後はテレビを見ています」というのが典型的な例です。詳しく検討すれば、このような一般的な記述は正確ですらないかもしれません。「テレビを見ている」というのはその人がテレビがついたラウンジにいただけということがよくあります。眠っていたのかもしれませんし、退屈していたのかもしれませんし、気分を害していたのかもしれません。あるいは他の入居者と話し込んでいたのかもしれないのです。

引き継ぎミーティングを指導する

　毎日つける業務日誌のもつ価値をどうすれば十分に引き出せるか検討しましょう。日誌を同僚に引き渡す限られた時間を、共有する必要のある新しい情報に集中して使うのがもっとも役立ちます。

- ジャックは新しい薬の服用を始めたので、吐き気の副作用があるかもしれない。
- エリザは息子が入院したばかりなのでひどく心配している。
- フセインは夜間に転倒したので、悪影響がないか注視しなければならない。

　いつもと変わらないことよりも、スタッフがそこから学べるような具体的なやりとりに注意を向けるようにうながしましょう。排泄や入浴をしたことに関する情報は、一般的には共有する必要はありません。たとえば便秘をしていたシンシアや入浴を拒否していたマックスのように特筆すべき事情があれば別ですが。こういう場合は、最善のやり方に向けてスタッフを指導するためにより多くの情報を引き出すべきです。

　シンシアの便秘が解消したのは、もっと果物を食べて水分を摂取するようにスタッフがうながしてきたからでしょうか？　どうやってこういうことを達成したのでしょうか？　どんなアドバイスを引き継ぎますか？

　うまくいったことを引き出すことで、スタッフが一人ひとりの入居者への理解を深める支援となります。

どうやってマックスに入浴をうながしたのかリーダーが尋ねたところ、スタッフは発見した重要な情報を提供してくれました。マックスは若い頃に川で溺れかけて以来、水が怖いのです。マックスはそのためにお湯をたっぷり張った浴槽に入ることを怖がっていましたが、今朝、空の浴槽に入るのには問題がないようでした。マックスが希望する量だけお湯を入れるとスタッフが約束したのです。

　これはスタッフ全員が把握して活用すべき重要な情報です。引き継ぎで共有された情報についても記録をつけておきましょう。その情報を活用し、それに基づいて行動する参加者全員の責任を強調し、スタッフにその情報の証拠を提供するためです。

　通常、引き継ぎは時間が十分にとれません。シフトの終わりに設定されていて、スタッフはたいてい帰宅することに気をとられています。そのためミーティングは限られた時間の中で集中して効果的に行いましょう。ミーティングが重要な役立つ情報を共有する場になれば、全員の時間をはるかに有意義に使うことになりますし、スタッフも参加する価値を理解するでしょう。実際に自分の実践を磨くことができ、利用者の生活を向上させられるのですから。リーダーはミーティングの組み立て方を変えることや、スタッフが新しい習慣を取り入れられるような話し合いや活動を始めることを検討する必要があるかもしれません。

　スー・ハイザー（この引き継ぎのアイデアを教えてもらった人物です）はカムデンにある複数の施設のサービス管理者として、ある特定の施設での引き継ぎに一つの活動を取り入れました。スタッフに入居者ともっと関わるよう

にうながし、どうやってそうしたかのアイデアを共有してもらうのです。各スタッフはその日の入居者とのやりとりや一緒にやったアクティビティを説明するのです。きちんとした会話、歌やダンス、あるいはそれまでにはなかったことについてです。

・・・

　一人ひとりのニーズに対応する本当のパーソンセンタードケアは、その人と関わる全員がその人の状態とその人生の出来事について最新の理解をもってはじめて達成できるものです。物事は頻繁に変わりますが、パーソンセンタードケアはこのような変化に対応します。ケアプランが最新の、重要なものとなる唯一の方法は、その人の日常のケアに関わるスタッフが提供する情報に基づくことです。

言葉に注意を払う

　認知症がある人について伝えるときに私たちが使う言葉は、態度と実践を反映するとともに、影響を与えるものでもあります。ときには、認知症がある人について使われる言葉は前向きというにはほど遠いものです。スタッフが業務日誌につけた記録を見ると、そのスタッフの思い込みや優先順位がたいていわかります。たとえば、「ジェーンは今朝歩き回って他の入居者たちをうるさがらせていた」というのは、スタッフのジェーンに対する態度とその関係性について多くを明らかにしています。そしてもしジェーンが「うるさい」と表現されたら、他の人がジェーンを見る目にも影響するでしょう。特にジェーンのことをよく知らないスタッフにとってはそうです。

　レッテルを貼ると、診断や行動がその人の主な特徴となってしまいます。ルビーは「アルツハイマー」でトムは「徘徊者」というように。この見方をすると、その人らしさの本質を見失ってしまいます。「徘徊」という言葉は特に注意が

> **WORK**
> ・スタッフが認知症がある人と関わる自分の仕事について話しているときに使っている言葉に耳を傾けてみましょう。スタッフの態度について、どんなことを示していますか？
> ・ケアプランや書面の記録に使われている言葉はどうですか？
> ・あなたが使う言葉はどうでしょうか？　あなたがうながそうとしているやり方を反映していますか？

必要です。認知症について使われてきた、役に立たない言葉の典型だからです。この場合、「歩くこと」として一般的に知られている、まともな行動が病的なものとみなされて、症状にされてしまっているのです。認知症がある人たちは私たちと同じように、多くの理由で歩きます。どこかに行く、どこかから離れる、なじみのない環境を探検する、何かを探す、運動する、痛みに対応する、などです。ときには、特にあまりすることがない場合、認知症があるかないかにかかわらず、私たちは誰でも「徘徊」、つまり特に目的もなく歩くでしょう。

もし認知症がある人が目的なく歩いていれば、「徘徊している」という言葉は正確です。けれどもたいていは、認知症がある人がどんな理由で歩いている場合にも一般化してこの言葉を使っているのです。そのため誤解を与え、その人が何をしようとしているのか、どこに行きたいのか、どんなニーズを伝えているのかをスタッフは理解しようとしなくなってしまいます。さらに、もし「徘徊」が症状や意味のない行動とみなされれば、症状や行動の管理に焦点があてられるでしょう。「座りなさい、トム」というように。

ケアについて説明するのに使われる言葉も、往々にしてとても否定的です。たとえば、施設によっては、スタッフが「○○さんをすませた」と言います。その人の身体的ケアをしたことを略しているのですが、パーソンセンタードというよりはとても業務中心のケアの文化であることを強く示す表現です。そこ

では人は片づけなければいけない仕事とみなされます。メイキングが必要なベッドや掃除をしなければいけない床のようなものです。

ケアで使われる言葉の多くは、たとえば「クララに食べさせた」というように相手が受身だというニュアンスがあり、力を奪うイメージをはっきりと呼び起こすものです。ケアプランでよく見受けられる言葉は「許可する」です。「フレッドが疲れたときは自室に行くのを許可する」というように。これもやはりケアの文化について深いところにあるものを明らかにしています。もし人が何かをすることを「許可される」なら、それが許可されるかどうかを決定する力を誰かほかの人がもっていることは明らかです。それなら必然的に、その人が望む行動を許可されないときもあるでしょう。

スタッフの使う言葉を変えようとすることが役立つかどうか、リーダーは判断する必要があります。理由を説明せずに言ってはいけないとスタッフに伝えるだけでは、当然ながら意味がありません。ときには賢くケンカをしないといけないのです。つまり、言葉が一番の問題ではないということです。使われる言葉はその根底にある態度に強く影響を受けるものなので、ケアの文化が変われば、たいていは言葉も自然と変わってくるものです。たとえば「彼ら」が何を好きかと一般化するよりも、パーソンセンタードケアが浸透するにつれ、スタッフは自然と具体的な誰かについて話すようになります。それに、利用者のよい状態を高めようと積極的に働いているスタッフは、その人のことを「認知症患者」とは言わないでしょう。

リーダーがスタッフの言葉遣いに注意をうながすかどうかにかかわらず、あなた自身が認知症がある人についてどのように話し、書くかに気を配ることが重要です。前向きで、正確で、敬意のある言葉を使うことは、模範としての重要な役割です。それは、スタッフがケアを提供する際に求められる態度について、一貫したメッセージを伝えるでしょう。

3. 外部の専門職とのコミュニケーション

　より広範な専門分野にまたがるチームがケアに関わるときには、正確な文書化と明確なコミュニケーションがことのほか重要になります。たとえば看護師や開業医と連携する際、その人について、そのニーズや治療についての情報を関係者全員がきちんと理解しておくことが欠かせません。専門職の対応や活用が必要となるかもしれないその人の特定のニーズや嗜好、信念、困難や強みについてのあらゆる情報を、リーダーとして明確に、はっきりと専門職に伝えましょう。

　専門職の関与が、認知症がある人にとって最大限ためになるように、リーダーは関係者全員の強みと知識を活かしながら、協力関係を築きましょう。

> 医師は医学的知識や経験を授けてくれますが、ひとりの人間としての認知症がある人について、経験や詳しい知識があるのは担当しているケアスタッフです。医師とケアスタッフ双方の専門知識を合わせることで、認知症がある人のニーズや最善の利益にもっともよく対応することができます。

　専門職の関与が十分に認知症がある人のためになるように、なぜ専門職の関与が必要なのか、本当に必要なのか、どんな具体的ニーズに対応しようとしているのかを、リーダーは最初に慎重に検討しましょう。たとえば、入居者の行動が挑戦的になったという理由で医師が施設に呼ばれることがあります。ここで医師に相談するのが最善かもしれませんが、それは担当するスタッフが、その人の行動の変化は身体の不調や痛みがあるからだと考えた場合に限ります。これは明確に医師に伝えなくてはなりません。たとえば、どんな身体症状があ

るのか、身体のどこが痛いと訴えているのかです。

　一方、もしスタッフが「挑戦的な行動」自体を問題視して、医学的な解決策があるだろうと医師を施設に呼んだのなら、その訪問は入居者のためにはならないでしょう。医師は医学的な解決策はないと認めるか、行動を止めるために抗精神病薬を処方しなければと思うかのいずれかでしょう。入居者の行動は何かがおかしいというメッセージを伝えるものなのです。ですから、その行動を強制的に止めることは、その人のメッセージを理解することなく黙らせることを意味します。それを知らせる能力だけが変えられてしまい、その人の問題は変わっていないのです。行動を通して伝えられる幅広いメッセージへの理解を育てるよう、リーダーはスタッフと緊密に連携しましょう。リーダーのこの役割については、第6章で十分に検討します。

　専門職の関与によって望ましい結果を得るために、関係者全員が果たさなくてはいけない役割をいつも認識しておきましょう。医師は薬を処方しますが、その影響に注意を払わなくてはならないのは日常的に接するスタッフです。理学療法士は運動を教えてくれますが、それを実行するように思い出させ、支援するのはスタッフです。外部の専門職が関わる際、あなたは認知症についての知識と経験を巧みに伝える必要があるかもしれません。残念ながら、多くの専門職教育の課程では、学生が認知症への理解を育むようになっていません。そのため専門職の知識は（第2章で検討したように）医学モデルに基づくものかもしれないのです。

　ときには、認知症がある人の能力と最善の利益を把握しつつ、その人の代わりに主張する必要があるでしょう。もし処方された薬がその人に恩恵をもたらしていないと思うなら、薬の見直しを求める必要があるかもしれません。ときには、急いでイライラした専門職の訪問に対応する際、守ってもらうべき施設の基準や手続きを説明する必要があるかもしれません。たとえば、もし看

護師が施設のラウンジで誰かの衣服を着替えさせたら、それはプライバシーと尊厳の方針に反するので、注意をうながす必要があるでしょう。看護師の訪問の前にスタッフが入居者を寝室に連れていく支援をしていれば、お互いに尊重し合う関係を育むのに役立つでしょう。

専門職との効果的な協力関係を築くには、その信頼を得ることが重要です。あなたが利用者についてよりよく知るほど、そのケアの目標についてより明確に理解するほど、専門職もあなたの意見を信頼するようになり、目標を達成するために協力をおしまなくなるでしょう。

4. 家族や友人とのコミュニケーション

たいていの場合、主に協力関係を築いていくのは、認知症がある人の家族や友人とです。ひとりの人間としてのその人についての家族や友人の知識は、パーソンセンタードなケアプラン作成にとって重要ですが、家族や友人も支援を必要としているかもしれません。緊密な関係を維持して利用者のためになるようにするには、スタッフは家族と連絡を取る際にとても繊細に、気持ちをくんで対応しなければいけないと、往々にして気づきます。家族やそのほかの「インフォーマルな」介護者は、困難な感情と格闘していることがよくあります。スタッフは判断するのではなく共感を示す必要があります。相手の感情を真剣に受け止めていることをはっきり示すのです。ときには認知症アドバイザーや

> **WORK**
> ・あなたはどのようにして利用者の家族と前向きな関係を築いていきますか？
> ・あなたは家族にどんな支援を提供できますか？
> ・あなたの地域では家族のためにどんな外部の支援や情報が利用できますか？

介護者支援サービスなどの外部の支援やアドバイスを紹介するのがふさわしいでしょう。

　認知症について積極的に知ろうとする家族もいますが、ほとんど理解していない家族もいるので、あなたの提供する情報が役立つかもしれません。もしグループ支援、情報や家族向けの研修会を紹介できるなら、家族は同じ状況にいるほかの家族と知り合えるというメリットもあります。情報を提供する際は、家族の感情に敏感になることが重要です。もし家族が愛する人が能力を失ったことを嘆いているなら、その人が示しているよい状態のしるしを説明しようとしても、その時点では役に立たないでしょう。けれども多くの家族にとって、その人が楽しんだことや達成したことについて、スタッフが前向きな情報を共有してくれると励みになるものです。

　ある施設では、認知症がある人たちの小規模なグループで海水浴を企画しました。ジョンが参加できるだろうかと娘は思っていましたが、その旅行では実際にジョンは依然として泳ぐことができただけでなく、不安そうにしていた入居者を率先して励ましたのです。ジョンは朝食に何を食べたかを思い出すことはできませんでしたが、海水浴についてはその後何日間も覚えていて話題にしました。このことをスタッフから知らされると、娘は喜びのあまり涙を浮かべました。

　家族や友人がフルタイムやパートタイムの介護者の場合、その生活はとてもストレスに満ちて疲れ切っているかもしれません。ケア施設の提供する現実的な支援やレスパイトケアサービスは彼らのニーズに対応するのに役立つものですが、罪悪感や羞恥心、不安といった感情をも強めてしまいます。そしてこれらの感情は、提供されている支援を家族が受け容れる邪魔をすることがありま

す。なかには、以前に不適切な基準のケアやレスパイトサービス経験をしているため、現在提供されようとしている支援の質を心配している家族もいるでしょう。ケアサービスにより大きな役割を家族が任せてくれるようになるには、信頼を醸成するしかないのだと認識し、家族に受け容れられるようにサービスを向上させることがとても大切です。

前述の厄介な感情が、認知症がある人が必要としているやり方で家族が支援したり関わったりする妨げになることがあります。たとえば、もはや自分たちのことを認識してくれないのだから訪問しても仕方ないと思って、家族が次第に認知症がある人に連絡を取らなくなることがあります。認知症によってあまりにも変わってしまったために、自分が愛していた人はもう存在しないと思っている家族もいるかもしれません。言葉でのコミュニケーション能力の大半を失った相手とどう関わればいいのかわからず、訪問の際に落ち着かない思いをしている家族もいるかもしれません。

もしできるなら、家族がこういう感情を克服できるように支援しましょう。家族の訪問がどんなに認知症がある人のためになるかをわかってもらったり、訪問の際の話題やアルバムを眺めるなどを提案して、訪問を続けてくれるように励ましましょう。もちろん、家族関係は必ずしも前向きなものとは限りませんし、認知症になった人との困難な歴史によって現在の家族関係が形成されている場合もあります。家族はその人に対するとても困難な感情を克服しようとしているのかもしれず、そのことについて話す必要があるのかもしれません。もし認知症がある人と家族のいずれのためにもならないなら、交流の大半、あるいはすべてから手を引く提案すら必要なのかもしれません。

ときには、知らずに与えてしまった悪影響に対応する一方で、家族や家族関係を支援する方法を見つけるという、リーダーの力を試される問題が生じます。たとえば、認知症がある人の代わりにすべてをやってしまい、その人が自分で

する機会を奪い、最終的にはその能力をも意図せずして奪っている家族もいます。このような状況が生じるのは、家族がそのケアによって認知症がある人への愛情を示そうとしているからです。それなのに家族が認知症がある人の力をいかに奪ってしまっているかをあからさまに指摘するのは心無いことです。

　認知症がある人に意図せずしてストレスを生じさせている家族もいます。もうできもしないことをやろうとすると言ったり、忘れてしまったことについて言い争ったり、失敗について叱ったりというように。こういうやりとりが生じるのは、たいていはその人の能力の喪失に家族がとても苦しんでいて、感情的に対応できる唯一の方法が、何かがおかしいという事実を否定することだからです。このような状況では、アドバイスを申し出て役立つこともありますが、新しいやり方のほうがためになると受け容れるのは、家族にとってとても難しいでしょう。自分たちのやり方が最善ではなかったかもしれないという可能性に直面することになるからです。もっともふさわしい対応は、優れたケアとコミュニケーションの模範をただ示し、認知症がある人の示す前向きな反応に家族が気づいてくれることを期待する（もしくは優しく指摘する）ことでしょう。家族が説明会や研修会に参加する機会があれば、これもとても役立つでしょう。

　認知症がある人が最善のケアを受けていないのではないかと心配する家族は、スタッフからすればひどく批判的に思えるかもしれません。家族によっては、特にケアサービスを使うことや施設に入れて移動を制限することに罪悪感を覚えている場合、離れたところからその人のケアについてコントロールしようとするかもしれません。たとえば、母親は毎日入浴すると娘は主張するかもしれません。母親はシャワーのほうがずっと好きなのですが。家族が感謝しないとか批判的だと捉えられている場合や、認知症がある人の権利と家族のやり方や要求に対立がある場合、スタッフが家族と良好な関係を築くことは困難でしょう。

家族がそのような行動をとるに至った心理をスタッフが理解する手助けをし、家族の認識を変えてケアサービスへの信頼を醸成できるように前向きな手段を提案することで、リーダーはスタッフを支援できます。家族が自分の話に耳を傾けてもらえて敬意を払われているといつも感じられるようにしましょう。もし家族からケアサービスに苦情があれば、真剣に受け止め、オープンに、そしてはっきりと対処しなければいけません。ケアのやり方を支える価値観や目標を説明し、現実的な支援やアドバイス、提案をするのが役立つこともあるでしょう。けれども認知症がある人の生活史、現在のニーズや嗜好について家族の専門知識を活かし、その人の人生の中で重要な存在として認識されていると家族が感じられるようにするには、家族の意見と役割の正しさを認めることも欠かせません。ケアプランを作成し、見直す際に、家族の意見やアドバイスは重要です。

　ケアを提供する全員が利用者について最新の、包括的な情報を確実に把握するようにすることから、利用者の生活に影響を与える外部の人たちとの橋をかけることまで、ケアサービス全体で良好なコミュニケーションを保証するうえで、リーダーは主要な役割を担っています。効果的なコミュニケーションなくして、パーソンセンタードケアは実現できないのです。

本章の要点

要点	リーダーがすること
ケアプランは、ひとりの人間としてのその人のニーズを満たすためにスタッフを導けるよう、詳細な行動計画であるべきである	具体的、包括的、前向きで活用できるケアプランを作成し、定期的に更新する
スタッフとのコミュニケーションは、明確で目的のあるものであるべきである	どんな情報が重要で役立ち、引き継ぐ必要があるのかについてスタッフを指導する。把握する必要がある人全員が確実に理解するようにする
認知症がある人について使われる言葉は、態度を表すとともに態度に影響を与える	認知症がある人について話すときや書くときはいつでも、前向きでレッテルを貼らない、敬意のある言葉を使う
認知症がある人のために外部の専門職の関わりが前向きな結果をもたらすよう、リーダーは支援できる	照会が適切であることを確認する。ひとりの人間としての利用者とその具体的なニーズについて明確に、はっきりと伝える
リーダーは、認知症がある人の家族や友人と協力関係を築くことを目指すべきである	感情的支援を提供し、相手の知識を評価し、必要であればアドバイスや情報を提供し、ケアのプロセスへの積極的なパートナーとしての参加をうながす

第6章
協力して感情やニーズに対応しよう

本章の学び

- 利用者に挑戦されていると感じているスタッフに共感することの大切さの認識
- 行動の背後にある感情やニーズを理解し、スタッフが共感できるような支援の提供
- チームで問題解決を支援する方法
- 行動へのスタッフの建設的な対応をどう支援するかの把握
- パーソンセンタードなリスクアセスメントとリスクマネジメントには何が関わっているかの理解

　パーソンセンタードケアの指標の一つは、人の感情を理解して建設的に対応する能力です。コミュニケーションを優先し、評価しているリーダーは、人は自分の感情を実に多くの方法で伝えるものだとわかっています。言語能力が損なわれても、人はコミュニケーションをやめません。行動、音、感情表現や残された言葉を通して意味を伝えるために、どんな手段でも使おうとするのです。
　ブライデン（2005年）が例をあげています。「やりたくないことを人がやらせようとしても、『いえ、けっこうです』という言葉が言えない。人が無理やり

シャワーを浴びさせたり、服を着せたり、嫌いな物を食べさせたりしようとすれば、その人の手をふり払い、押しのけるしかない*。けれどもこうして伝えられたメッセージはすぐに「挑戦的な行動」と誤解されたり、認知症の症状だとみなされたりしてしまいます。だからコントロールや管理が必要なのだと。第4章で検討したように、この誤った思い込みが学習サイクルを妨げ、パーソンセンタードケアの大きな障害となります。もし行動の意味を理解するのではなく「管理」しようとするなら、認知症がある人がその感情やニーズについて伝えようとしている重要な情報を見逃してしまうでしょう。

1. スタッフが挑戦的だと感じる行動を理解する

スタッフに共感する

　リーダーはこのような感情やニーズを認識する重要性に共感する一方で、困難でストレスに満ち、脅威すら感じる行動に直面するスタッフにも共感します。この両者のバランスをとらなければいけません。多くのスタッフは通常、認知症がある人が自分を表現する方法によって挑戦されていると感じます。

　認知症とともに生き、他者からの支援を受けなければいけないということは、往々にしてフラストレーションや苦悩、不安などの強い感情を引き起こします。そのような感情を表現している（それもおそらくは認知症によっていくらか抑制を欠いている）人と向き合うのは、実に難しいものです。スタッフは叫ばれたり罵られたり、差別をされたり、身体的に傷つけられたりするかもしれません。リーダーはこのような経験を真剣に受け止めましょう。スタッフの現実を無視して、スタッフが自分は支援されていないと感じたままにしてしまうと、

---

*訳注：『私は私になっていく－認知症とダンスを－』（改訂新版）168頁より引用

> **WORK**
> ・スタッフはどのような行動を挑戦的だと感じるでしょうか？
> ・これらの行動を通してどんなメッセージが伝えられていると思いますか？

スタッフが認知症がある人への感情的支援をする能力や、やる気を育てる可能性を奪ってしまいます。このことは、たとえスタッフがうかつにも挑戦的な行動を引き起こしてしまった場合であっても大切です。

　ですから第3章で検討したように、リーダーはスタッフに時間をとり、注意を向け、共感をもって耳を傾ける用意が必要なのです。真剣にスタッフを支援していることを明確にするために、行動が必要な場合もあるでしょう。たとえば、スタッフに対して差別的な態度をとる利用者に、その態度は容認できないと伝えるなどです。利用者がその会話を覚えていたり、注意に従って行動を変えたりする可能性は低くても、あなたが事態を真剣に受け止めているとスタッフに示すことが重要なのです。利用者と会話をすることで、もし覚えていれば、何が気分を害したのか直接本人から聞くことができるでしょう。

　挑戦的な反応を引き起こした状況では、直接関わり、スタッフと一緒に対応することも、とても役立ちます。スタッフが自分は支援されていると感じるという意味でもそうですし、何が利用者の行動を引き起こすのか、その行動を通して何を伝えているのかをもっと明確に理解できるという意味でもそうです。こうして理解が深まることで、今後どのようにして同様のストレスを避けるか、スタッフに気づかせることができるでしょう。

♣ スタッフが認知症がある人に共感できるように支援する

　念頭におきたい重要なことがあります。認知症とともに生きることで喪失が続くだけでも対応が困難なのに、これらの喪失が引き起こす誤解や失敗によっ

て、さらにストレスが生じるということです。

- 環境に適応するのは、往々にして困難なものです。そのため、たとえば他の人の寝室に入ってしまったり、トイレだと思ってエレベーターで排尿してしまったりします。
- 状況をたやすく誤解してしまいます。スタッフを見知らぬ人と思ったり、洗濯に持っていった服を盗まれたと思ったり、身体的ケアの介助を性的な誘いだと思ったり。そうするとその思い込みに基づいて行動しがちです。見知らぬ人を撃退し、泥棒を非難し、誘ってきた人に対応するという具合です。

このような反応は性格の変化とよく誤解されますが、実際には、その人の困難と状況認識という文脈を通して見れば、完全に理解できるものです。ブライデンはこう述べています。「私たちの頭の中で起こっていることを考えれば、私たちの行動は正常なのだ。どうかあなたから私たちのゆがんだ現実の中に足を踏み入れてほしい。私たちがあなたの現実に押し込められると、さらにストレスを感じてしまうのだ*」（ブライデン 2005 年）。「ゆがんだ現実」のためにまた、認知症がある人はそのニーズを、現在の生活よりもむしろ過去に関連した方法で伝えることになります。「くつろぎ」が必要なとき、母親を呼ぶことでそれを表現するかもしれません。「たずさわること」がほしいとき、仕事に出かけるのだと思って午前 7 時に玄関から出ようとするかもしれません。

このような状況でスタッフが自分のコミュニケーションや行動に気をつけ、その人の必要としている支援に注意していなければ、認知症ケアはたやすく戦

---

* 訳注：『私は私になっていく－認知症とダンスを－』（改訂新版）197 頁より引用

場になってしまいます。説明は頻繁に繰り返す必要があるかもしれませんし、自己紹介はやりとりが始まるその都度必要かもしれません。ブライデン（2005年）が教えるように、認知症がある人の現実の中に入っていこうとするには深い共感が必要です。リーダーはスタッフの立場から物事を見ることができると示すことで、スタッフとの関わりの中でこのプロセスの模範を示しましょう。第4章で検討した思慮深い実践を導く方法も、前に進むための鍵になるでしょう。利用者のものの見方や信念がどのようなものか、そしてどう感じているかを考えてみるよう、スタッフにうながしましょう。

- 「メイビスは行動を通して何を伝えているのかしら？」
- 「どうしてパトリックは母親を求めているのだと思う？　何を必要としているのかしら？」

　このような質問に答えることから得られる洞察を活かして、スタッフは認知症がある人の根底にあるニーズに対応し、ストレスの少ない状況にする方法についてクリエイティブに考え始めます。

チームでの問題解決

　問題があるとき、その話し合いにスタッフも含めることが一般的には役立ちます。最初の一歩は、どうしてそれが問題なのかを正確に分析することでしょう。ある行動が不安を引き起こすのは、その人の基準や嗜好がスタッフのそれとは単に違うからです。とてもきちんとしているヘルパーにとって、利用者が快適に感じている散らかった家の環境は受け容れがたいかもしれません。利用者の性的嗜好をとても不快に感じ、これを問題と捉えるスタッフもいるかもしれません。けれどもその利用者の選択が健康上または安全上のリスクとなり、

自分で判断をする知的能力に欠けているのでない限り、その人の行動や環境を変えようとすることは適切ではありません。いずれの状況でも、変えなければいけないのはスタッフの態度です。すべての人は自分自身の基準をもつ権利があることを受け容れるのです。これには多くの話し合いや時間が必要だとリーダーは気づくでしょう。問題となっていることについて、スタッフが根強い信念をもっている場合は特にそうです。

　利用者の行動に関連する「問題」がその利用者にとってではなく、スタッフや他の人にとって問題となっている場合も、チームでの話し合いが役立ちます。

　便利屋をしていたアントニオは、よく他の入居者の寝室に行っては、何か修理が必要なものはないか探していました。彼は善意を表していたのですが、他の入居者は気分を害していました。アントニオの目的と役に立ちたいという願いを建設的に活かせる方法について話し合いがされ、スタッフはさまざまなアイデアを思いつきました。その中の一つは、何でも屋が簡単なメンテナンスの仕事にアントニオの手伝いを頼むというものです。

　どうしてその行動をとったのかが、とてもわかりやすい場合もあります。上記の事例では、アントニオの前職が主な要因でした。たいてい、観察スキル、そしてその人と状況をよく知ることで、その人の行動の理由を指摘することができるでしょう。

- バーナードの様子からわかるのは（彼は自分で伝えることもできるかもしれませんが）、階段を上り下りしているのは痛みがあるからだということです。
- エドナが攻撃的になったのは、スタッフが考えずに彼女の背後から近づい

て驚かせたからだとわかります。

・・

　ときには、認知症がある人の行動の理由を解釈するのは簡単ではありません。挑戦的な行動のより複雑な理由を理解するには、グループでやってみるのがもっともうまくいきます。リーダーが建設的な考えをうながすことができる限り、「三人寄れば文殊の知恵」です。ストークス（2000年）が提案した「クリエイティブ・ブレインストーミング」はこのために役立つ方法です。つまり、その人の行動の理由を、ありそうもないことも含め、協力してできるだけ多く考えだすのです。それから、少しでも可能性のありそうなものは調査します。ある利用者がベッドから出るのを拒む理由として、スタッフチームが特定した94の可能性のある理由をストークスは例示しています。それからどのようにこれらの理由を調査し、実際の理由が次第に特定され、解決されていったかを述べています。

　ストークスはまた、健康上の問題からケア実践、物理的環境から生活史まで、個々に、あるいは他の要因と関連して、行動を引き起こす可能性のある要因を検討することの重要性を強調しています。第1章で検討したように、幅広い事柄が認知症がある人に問題を引き起こします。表1の質問を検討することで、その人の行動を引き起こす要因となる幅広い理由をチームが考察し、思い込みを避けるのに役立つでしょう。

WORK
- 行動の理由が明白でないような状況が現在ありますか？
- チームで「クリエイティブ・ブレインストーミング」をしてみましょう。これによって、可能性のある理由はいくつ特定できますか？

要　点	リーダーがすること
1. その人の行動は認知症の症状に直接起因するものですか？（例：知覚の問題があるために椅子をトイレと間違える）	もしそうならば、症状を補うためにその人はどのような追加の支援を必要とするでしょうか？
2. 認知症に加えて、その人には行動に影響を与える可能性のある身体的、感覚的な問題がありますか？（例：聴力が低下していて説明されても聞こえない、痛みがあったりほとんど動けなかったりして身動きがとれないように感じる）	もしそうならば、どのようにしてこれらによりよく対応できるでしょうか？
3. スタッフのしていることで、その人の行動を引き起こしているように思えることが何かありますか？（例：背後から近づく、大声で話す、何が起きているか理解する時間を十分に与えない、手伝い過ぎる）	もしそうならば、どのようにしてこれを変えることができるでしょうか？
4. その人の交際関係に、その行動を引き起こしているものが何かありますか？（例：他の利用者や隣人との性格の衝突、定期的な訪問者の休暇）	もしそうならば、どのようにしてこれに対応できるでしょうか？
5. 環境の中に、その人の行動に影響を与えているものが何かありますか？（例：騒々しい環境、混乱するレイアウト、周囲の多くの人、暑い／寒い環境、特定の場所に座っていること）	もしそうならば、どのようにしてこれを変えることができるでしょうか？

表1：行動を通して伝えられるニーズを特定して対応する

6. その人の生活史についてあなたが知っていることで、その人の行動を引き起こしているものが何かありますか？（例：他の人と一緒にいるよりもひとりを好む、子どもの頃に虐待を受けていた、犯罪被害者である、行動に見受けられる以前の仕事や習慣）	もしそうならば、どのようにしてこの理解をコミュニケーションやケアプランに活用しますか？
7. その行動を通してその人はどのような「感情」や「ニーズ」についてのメッセージを伝えていると思いますか？（これらのメッセージは否定的なもの（例：不安な感情）かもしれませんし、前向きなもの（役に立っていると感じたいと伝えている）かもしれません	どのような即時の対応が役立つでしょうか？ その人のニーズを満たし、困難な感情が再発するのを防ぐには、どのような長期的な対応が役立つでしょうか？

 問題に対応する

行動を引き起こした要因に対応する

　その人の行動の理由を指摘することは、必ずしもすぐに解決策をもたらすわけではありませんが、行動指針を示してくれるでしょう。バーナードがその痛みについて医師の診察を必要とするのは明らかですし、スタッフは背後からエドナに近づくのを避けなくてはいけません。誰かの挑戦的な行動が特定のスタッフのやり方で引き起こされたように思われる場合には、不注意のせいだろうと認識することが重要です。

　挑戦的な反応を引き起こしたことについて、リーダーは誰かを責めることは避けましょう。スタッフを侮辱したり叱責したりしても、失敗から学ぶ手助けにはなりません。そのうえ、当事者のスタッフや他のスタッフは挑戦的な状況

についてオープンに話し合わなくなってしまうでしょう。リーダーは支援的なやり方を続けるほうがいいでしょう。スタッフが自分の行動の意図しない結果を認識できるように、やさしく手助けし、違うやり方を見つけられるように励ましましょう。

　環境が行動に影響を与えているかもしれないと理解するには、その人の症状と、それがその人の周囲の環境との関係をどのように変えるかを把握しておきましょう。

●短期記憶と方向感覚が低下している場合、その人はどうやって周囲の環境を把握できるでしょうか？　どれが自分の寝室で、トイレはどこかを把握する方法はあるでしょうか？

●認知能力が低下している場合、その人はどうやって自分の環境を理解できるでしょうか？　カーペットの模様がまるで床から何か生えてきているように見えたり、影が穴のように見えたりしませんか？　羽毛布団の小花が虫と間違えられたりしませんか？

●色の対比や深さを認識する能力が低下している場合、どこまでが床でどこからがトイレか明白ですか？

●自分の姿が鏡に映っているのをそうと認識できない場合、浴室に見えるのが自分ではなく他の入居者だと思うのではないでしょうか？

　もし環境の中の何かがその人の挑戦的な行動を引き起こしたのなら、どのようにして変えられるかを検討する際は柔軟に、クリエイティブになることが大切です。問題を解決するためにすぐにできることもあるでしょう。その人の寝室のドアにはっきりとした目印をつけたり、苦痛を引き起こすようなベッドカバーを変えたり。鏡は取り外すか、覆いをかぶせるかできるでしょうし、もっ

と明るい電球にしてもよいでしょう。環境の中には、方向感覚をいっそう失わせるような長い廊下など、容易には変えられないものもありますが、認知症がある人がもっと対応しやすいように、さまざまな手段をとることができます。たとえば、途中で座る場所を設けて、注意をひくような絵を掲示して目印にするとともに、興味をもって眺めてもらうことができるでしょう。

その人の挑戦的な行動を引き起こしているのが主に生活史であると思われる場合、これを変えることはできませんが、その人の過去を理解することで、行動を引き起こすきっかけを避け、その人のニーズに対応する方法を見つけることはたいていできるものです。

- ナンシーは一緒にいる人が黒い服を着ているとひどく動揺します。家族の数人が火事で亡くなり、長く喪に服していたことを思い出すからです。彼女を訪問するときに黒を着ないようにするのは、スタッフにとって難しいことではありませんでした。
- ビルは警備員だったので、すべての窓とドアに鍵がかかっていることを確認するまで、夜はベッドに入ろうとしませんでした。スタッフはこの行動を彼の夜の日課に組み入れました。

「解決する」ことができない問題に対応する

このように、その人の行動の理由を指摘することで、役立つような対応がすぐにできる場合もあります。けれども解決策のない問題もあります。フィリップの事例を考えてみましょう。自分の能力の喪失が進行していることを認識していて、そのことが苦痛で恐ろしく、日中は不安で落ち着かずに過ごしています。フィリップの現実を変えられるような簡単な方法はありません。彼ほどの

洞察があれば、認知症に対応するのは感情的にとても困難だと理解できるでしょう。

　その人の問題に解決策がない場合、たいていはスタッフにとっても感情的に困難なものです。問題を解決することができなければ、何も手助けできないと感じてしまうでしょう。けれども、フィリップのためにスタッフが「そこにいる」こと（細心の注意を払い、判断することなく受け容れ、気にかけていることを示すのです）がどんなに重要か認識できるよう、あなたはスタッフを支援する必要があります。彼の問題は依然としてそこにありますが、耳を傾けて理解してくれようとする誰かに自分の感情を表現できることでホッとして、自分はひとりではないのだとわかって慰められるでしょう。

　第3章で検討したように、スタッフがこのような共感を与え、それを維持できるように、リーダーは感情的支援を提供しましょう。さらに、どうすればこういうことができるのか具体的に検討しましょう。その人とより親密な関係を築こうとしているスタッフのひとりかふたりを、感情的な支援のために特別に担当にしてもいいかもしれません。これらのスタッフが毎日一対一で注意を向ける時間がとれるように、日々のスケジュールを計画すればできることです。

　とても困難を抱えた人の感情やニーズを、より広範なチームが認識しておくことも重要です。スタッフ全員が一貫したやり方をとる必要があります。スタッフ全員がいつもフィリップの達成したことをほめてその強みを引き出すなら、次第にフィリップの不安が消えていく見込みはとても大きいでしょう。

3. リスクがあるなかで働く

　もっとも対応が難しいのは、その人の行動が自分自身や他の人の健康や安全上のリスクになってしまう場合です。また違う意味で介護者は試されることになります。利用者の安全にリーダーが責任を負うのは明らかですが、すべての出来事からその人を守ることは不可能です。そうすることがその人の最善の利益にかなうわけでもありません。リスクは人生の一部で、認知症がある人のためにリスクを取り除くことはできませんが、私たちの社会は一般的にお年寄りに、そしてとりわけ認知症がある人に過保護な傾向があります。認知症ケアでのリスクマネジメントは、危害を与えるリスクがある活動に関わるのをどう予防するかに注目しがちです。その人がしたいことをするのを止めると、たいていは生活の質の低下につながります。リスクをとらないことによるこの否定的な影響はクラーク他（2011年）によって「静かな危害」と名づけられました。本当に試されているのは、その人が自分の嗜好やニーズにできる限りかなう生活ができるようにリスクを管理する方法を見つけることです。

　リスクマネジメントのプロセスは、権利擁護の法律の枠内で行われなければいけません。たとえばイングランドとウェールズでは2005年意思能力法が、その人に能力があるなら自分自身で意思決定する権利を掲げています。2007年精神保健法は、不適切に自由を奪われることのないように保護条項を導入しています。認知症がある人は、家族からソーシャルケアの専門家まで全員からの無能力だとの思い込みの犠牲者になることがあまりに多いのです。リーダーはその人が特定の意思決定ができることを認識し、証拠を提示する必要があるかもしれません。

　2005年意思能力法はまた、その人が特定の意思決定をする能力に欠ける場

合、代わりになされるすべての意思決定はその人の最善の利益にかない、基本的人権と自由への制限を最小限に抑えたものでなければならないことを確認しています。このような意思決定はリーダーの重要な責任です。その人の「最善の利益」を検討するには、意思決定の心理的、社会的、そして文化的影響を考慮に入れる必要があります。その人のよい状態（第1章で説明したプロセス）を見守ると、この評価に役立つでしょう。

♣ 個別のリスクアセスメントをする

　リスクアセスメントをし、管理する戦略を立てる際には、リーダーはよく考え、十分に情報を把握しましょう。活動に関わるリスクの程度と種類に影響するその人の困難さと、リスクのある状況で資源となるその人の能力についての具体的な情報を収集することが特に重要です（リトルチャイルドとブレイクニー 1996年）。同様に重要なのは、その活動が行われる背景を検討することです。

　エスターは施設で暮らしていて、毎日地元の店に出かけることを望んでいます。認知症であることだけで、エスターの外出を止める理由にするべきではありません。けれども施設への帰り道がわからなくなったことが2回あったため、心配の声が上がっています。
　一方でエスターはよく動けますし、道路を横断するのに必要な能力を維持しています。言葉でのコミュニケーション能力も失われておらず、注意を向けることもできますし、自己認識もあります。背景として、エスターはかなり静かな住宅地にある施設に暮らしています。近くには一群の店しかなく、いずれも隣接しています。

　リスクアセスメントのプロセスは、「デメリット」と「メリット」を天秤に

かけるプロセスとして捉えると役立つと提案されました（ナフィールド生物倫理会議 2009 年）（図 1 参照）。「デメリット」の天秤が重くなりそうな側面としては、否定的な結果の深刻さと、それが生じる見込みの両方があります。エスターの困難と能力の詳細な情報から、（エスターが車にはねられるなどの）深刻なデメリットが発生する見込みは、認知症がない人の場合と変わらないとリーダーは評価することができます。迷子になるリスクのほうがもっと大きいのですが、ケガにつながることはなさそうです。特に、エスターには注意力があり、コミュニケーション能力もあるので、迷子になれば自分でわかりますし、道を尋ねることができるからです。さらに、エスターが迷子になる可能性を分析するなら、これまでにたった 2 回しかなっていないことに気づきます。このときの一日の記録を確認することが重要です。エスターは感染症の初期段階で、その結果いつもより混乱していたなどの具体的な理由が見つかるかもしれません。そうであれば、エスターが元気な限り、また迷子になる可能性は無視していいでしょう。静かな住宅地という環境面での背景も、たとえエスターが迷子になっても害が及ぶ可能性をさらに引き下げています。

図 1：デメリット　対　メリット

リスクにさらされていると心配されるような現在の状況を考えてみましょう。
・生じる可能性のある「デメリット」はどんなことでしょうか？
・それが生じる見込みはどれくらいですか？
・リスクのある行動から、その人にとってどんなメリットが生じますか？

　エスターの事例では「デメリット」の側の天秤はそれほど重くないことがわかります。そしてこれを相殺するようなメリットを考えてみましょう。自立心、自信、目的のあることにたずさわること、地域社会の一員だと感じること、そして運動になること。これらを考えれば、店に出かけることは明らかにエスターの最善の利益にかなうものです。

　デメリットの深刻さのほうがリスクをとることで生じるメリットを上回ると見込まれる場合、代わりの方法でその人のニーズに対応することが欠かせません。もしエスターが自分で店に出かける能力を失ったら、彼女の自信や自立、社交と運動というニーズを満たす、目的のある別の活動を施設は見つける必要があります。

リスクマネジメント

　将来のことを念頭におくべきですが、リスクマネジメント計画はその人の現在の能力のレベルを把握した、現在に基づいたものであることが大切です。エスターの日々の歩行のリスクアセスメントによれば、当面の間は出かけることが彼女の最善の利益にかないます。そこで重要になるのが、出かけるのをどう支援し、どのようにできる限り安全でいられるようにするかを特定する明確なプランを作成することです。

第6章　協力して感情やニーズに対応しよう

スタッフはエスターの出発時刻と何を着ていたか（あとで探す必要が出てきた場合に備えて念のため）を記録します。施設の名称と住所をカードに書いてエスターに渡し、ポケットやハンドバッグに入れてもらいます。そして地元の店主と電話番号を交換します。

　人の能力は変わっていくものですから、このような変化に素早く気づき、リスクが大きくなったときに迅速に必要な対策をとれるような戦略をもつことが重要です。そのため、リスクマネジメント計画には、その効果と継続的な適用可能性を確認する方法を含めましょう。その人の能力を頻繁に評価し、計画を定期的に見直すことが欠かせません。たとえばエスターが道路の安全についての感覚を失いだしているという証拠が見つかったら、新しい計画を作成しましょう。

　リスクマネジメント計画はまた、不要なリスクを予防し、その人ができる限り自立できるように環境を適応させる方法を検討します。

- ●料理にまつわるリスクを管理しようとしている場合、その人が必要な調理機器がすべてなじみのあるデザインなのを確認しておくことが大切です。前面がガラス張りの食器棚が役立つでしょう。
- ●転倒のリスクがある場合、特に重要になるのは、床の敷物が混乱させるような模様のないシンプルなものであること、照明がしっかりしていること、行きたい場所をストレスなく見つけられるように色や記号が効果的に使われていることです。

　集団ケアの場合、すべての利用者のニーズにどのように環境を合わせるのが

最善なのかについて、重要な話し合いが必要になることがあります。たとえば鍵のかかった玄関は、エスターのように対応能力のある利用者にはフラストレーションを生じさせるかもしれませんが、ひとりで出かける能力のない利用者の安全を確保するためには必要でしょう。問題の解決に支援技術を活用できないか検討するのは、いつでも役立ちます。玄関のドアノブと連動した装置をつけることで利用者が出かけたいのだとスタッフに知らせ、適宜介入できるでしょう。

　支援技術は、リスクマネジメントと認知症がある人が何かをするのを可能にする手助けができます。その人が何か支援を必要としているとスタッフに通知する（玄関の装置やベッドから出たときにスタッフに知らせるセンサーなど）ことによってだけでなく、その人がもっと自立して暮らせる支援によってです。いつ服薬するかを思い出させる薬取り出し容器や、水を出したままにしておくと出過ぎた水を自動で排出する浴槽の排水蓋など、記憶障害を補うために装置を活用することもできます。リーダーはAT認知症ウェブサイト（www.atdementia.org.uk）などを見て、活用できるさまざまな支援技術について把握しておきましょう。

協力する

　合理的なリスクをとるようその人を支援するには、家族も含め、その人のケアに関心をもつ全員が意思決定に参加すると、もっともうまくいく可能性が高くなります。リスクを完全に取り除くことは可能でもないし望ましくもないと、家族はすぐには理解できないかもしれません。その人が合理的なリスクをとる権利を擁護するのはあなたかもしれませんが、意思決定は協力して行い、記録することが重要です。

　意思決定の理由をチームメンバーは理解する必要があります。そのためには

意思決定の際に自分の意見を伝え、感情を吐き出すとともに、他の人の意見を聴いておくのがいいでしょう。リスクを回避する傾向がある人もいます。同様の状況で認知症がある人に害が及んだ過去の経験をもつスタッフは、現在の状況がどのように違うのかを理解するために支援が必要でしょう。エスターは他のどの利用者とも違います。その能力と困難の組み合わせは独自のものですし、その望みも、性格も、そして状況も独自のものなのです。

　リスクによって生じる課題に対応するための計画をチームで協力して作成する際、悪い結果になっても、スタッフが責任を果たしている限り責められることはないと保証する必要があるかもしれません。けれども誰かが責任を負わなければいけませんし、もし何かあった場合に説明を求められるのはシニアマネジメントの立場にあるリーダーでしょう。十分なリスクアセスメントが行われ、文書化され、リスクにどう対応するかを説明する詳細な計画が作成されている限り、リーダーは何も心配することはないはずです。

　認知症がある人の権利を擁護するために、質問をし、判断を精査するのは適切なことです。実際、不要な制限によって生活の質を低下させるのではなく、むしろその人が何かをできるようにしようとしている、まさにその人の権利を擁護するためなのです。リーダーが責任をもつのは実に正しいことです。残念なのは、安全を最優先するリーダーによって負わされた静かな危害について、同等の精査がなされないことです。

4. 結　論

　一般的に、認知症がある人の「挑戦的な行動」の量は、ケアのやり方と共感的認識の程度に強く影響を受けます。認知症とともに生きることの現実をスタッフが理解すると、その人が感情を表現することをもっと受け容れ、支援でき

るようになるので、このような感情が高じて問題となる可能性は低いでしょう。そしてスタッフが「行動しながらよく考える」ことができ、認知症がある人とのやりとりをその人の反応に合わせられるようになると、防衛反応を引き起こすことが減り、自尊心が高まり、悩みやフラストレーションがおさまるでしょう。

　認知症ケアの目標を明確に理解しておくこともまた、スタッフがその人の行動をどう見るかに大きな影響を与えます。たとえば、その人が自分の嗜好や選択について主張しているのは明らかによい状態を示しているのだと理解すれば、「協力しないこと」は問題視されないでしょうし、他の人がするような選択をその人がおとなしく受け容れないことをスタッフはむしろ喜ぶでしょう。

　スタッフが挑戦的な状況によりよく対応できるように最善の方法を模索しているリーダーにとって、本書でこれまで見てきたリーダーシップのすべての側面が関係しているのだと認識することが重要です。認知症ケアの目標をスタッフが確実に理解するようにすることから、能力に焦点をあてて、一人ひとりの嗜好を文書化したケアプランを作成することまで、すべてです。ときにはスタッフとともに課題に取り組むことで、リーダーはスタッフの態度ややり方に本当に影響を与える機会を得ることができます。「問題」はより深いレベルの洞察をうながすきっかけになりますし、あるいはより協力的な実践へチームを進めていくことになります。

第6章　協力して感情やニーズに対応しよう

本章の要点

要点	リーダーがすること
認知症とともに生きる経験は往々にして強い感情を引き起こし、スタッフにとって挑戦的な方法で表現されるかもしれない	スタッフに共感し、スタッフが認知症がある人に共感できるよう支援する
さまざまな要因がスタッフが挑戦的だと思うような行動を引き起こしているかもしれない	チーム重視の問題解決のやり方をリードし、環境を変えるなどの役立つかもしれない変更を検討する
リスクは人生の一部であり、制限よりも可能にすることに焦点をあてる必要がある	具体的な情報を収集し、その人の最善の利益をうながす行動方針を見つけるためにデメリットとメリットを天秤にかける
認知症がある人は自分のためになるリスクをとる一方で、できる限り安全でいられるよう支援されるべきである	リスクをとれない場合の代替案、環境変更、支援技術を含む計画を協力して作成する

第6章 協力して感情やニーズに対応しよう

結論
～前に進もう～

　認知症ケアのよい実践についてより多くが出版され、明らかになるほど、私たちがこのよい実践をリードする態勢を整えることが求められるようになります。パーソンセンタードなリーダーシップがなければ、一貫したパーソンセンタードケアは存在しないと前述しました。問題はあまりにも複雑で、課題はあまりにも多種多様です。パーソンセンタードケアのためのよい研修は重要ですが、それとともに、アドバイス、支援、そして職場から感化されることが必要です。パーソンセンタードケアは、人がすべてなのです。これは認知症がある人だけでなく、そのケアにたずさわる人も含みます。そしてこれらすべての人がその可能性を十分に発揮できるよう、リーダーは深く心に刻んでおきましょう。

リーダーシップの課題に直面する

　パーソンセンタードなリーダーの役割には、多くの異なるニーズや感情、ものの見方を把握して対応し、それと同時にこれらに影響を与えることが含まれます。あなたの役割は多面的で注文が多いものです。直面する課題の多くは緊迫していて複雑で、責任を負うニーズの多くは奥が深いものです。そしておそ

らく資源が不十分で、あなたの時間への要求も多く多様ななかで対応しているのでしょう。

　ジャグリングをしている人に自分をたとえるリーダーもいます。空中に多くのボールを投げ、落ちてくる前につかまえるのです。自分の役割を植木屋にたとえたリーダーもいます。種をまき、育て、世話をするのです。雑草や害虫と闘いながら。課題に対応し、報いを受けるには不屈の精神と献身が必要なのは明らかです。そしてリーダーとして、希望をしっかりもつことが欠かせません。

　組織内から、そして外部からの双方のあなたへの支援を見つけることもとても大切です。地域のケアフォーラムや地元のネットワーク、あるいは認知症フォーカスグループなどがあれば、そこで他の事業所のリーダーとアイデアを分かち合うことで、あなた自身のやる気を保つのにも、クリエイティブに考えるのにも役立ちます。研修会や会議に参加したりすることでも、同じ課題と格闘している同志を見つけられるでしょう。オープンなコミュニケーションと思慮深い実践の文化を育てることを通して、あなたはスタッフの最高のアイデアと努力を引き出すことができ、勢いを加速させる仲間をつくることができるのです。

アクションプランニング

　パーソンセンタードケアを育てるプロセスを旅にたとえて前述しました。目的地に焦点をあてるだけでなく、経路を計画することも大切です。もし目的地が山頂なら、山頂の目印と道中の目印（長い歩みの途中でここを目指して立ち止まり、深呼吸をして景色を愛でることのできる場所）が必要でしょう。山の高さとあなた自身の健康や力を考え、山頂に到着するまでにどれくらいかかるかを現実的に見積もる必要があります。そして一度にどれだけ進めるかを考えるのです。このたとえ話をさらに進めて、防寒具やサンドイッチを持参する重要性を強調することもできますが……そうしなくても、要点はもうおわかりで

しょう!

　あなたの職場のビジョンが山頂だとすれば、そのためにもっと手前の目標を計画する必要があり、それが「SMART」、つまり具体的で（Specific）、測定可能で（Measurable）、達成可能で（Attainable）、関連性があり（Relevant）、期限がある（Time-bound）（マイアー 2003 年）ものであることを確認しましょう。たとえば、来年中にスタッフ全員がパーソンセンタードケアの目標を包括的に理解することを目指すとしましょう。目標を明確に示したら、それを達成するために必要なステップを特定しましょう。最初のステップはふさわしい研修を見つけて、その費用を見積もることかもしれません。第二のステップは予算に計上したり、予算担当者と交渉することでしょう。それに続くステップでは、どうやってスタッフ全員の研修参加を確保するか、学んだ教訓をどのように生かし続けるか、思慮深い実践を通して新しい学びをどのようにうながすか、一人ひとりが学んだことを行動に移すためにそれぞれにどのような目標を設定するか、どのようにモニタリングするか、モニタリングのプロセスにどのようにスタッフを関わらせるか、などなどがあります。

　目標が「達成可能」であることは重要です。目標は多くを要求するものであるべきですが、あまりに野心的で到達できそうになければ、あなたも仲間もやる気を失ってしまいます。もしあなたの組織の態度やケアの現状を現実的に見て、最終的なビジョンがあまりに遠くて事実上到達できないと感じられるなら、長期的な野望を変える必要はありませんが、現在の目標は現実的に最小限のものにする必要があるでしょう。あまりに高望みをして、その途中で達成できていることを不十分だとがっかりするよりも、小さな成功を達成して重視するほうがずっとメリットがあります。小さな成功はスタッフにもっとがんばって大きいことを達成しようと、やる気をかきたててくれます。

　どの現場でも、あなたの努力の中心にあるのは、認知症がある人一人ひとり

の経験でなければいけません。あなたが定める目標の根底にある理由が一人ひとりの生活の改善であれば、ここから始めることがいちばんです。まずは、ひとりの認知症がある人に注目してみましょう。改善できると思えるその人のよい状態を一つ特定してみましょう。そうするための戦略の話し合いにスタッフを巻き込みましょう。戦略を実行するためにスタッフを支援しましょう。

　そしてひとりの認知症がある人のよい状態を改善することに成功したら、とても重要な何かを達成できたことに気づくでしょう。その人の生活の質が変容したのです。それはスタッフのやる気と学びを刺激します。そしてそれはあなたのビジョンの達成にとって、とてつもなく大きな一歩なのです。

　ある日の早朝、ひとりの男性が海辺に散歩に出かけました。何マイルもある広い砂浜で、まだ早い時間にもかかわらず太陽がすでに照りつけていました。砂浜に沿って、見渡す限り無数のヒトデが打ち上げられていることに男性は気づきました。夜間に打ち上げられたのでしょう、朝の太陽の光に照らされてヒトデは死にそうです。

　そこで男性は自分よりも前にひとりの少年がいるのに気づきました。見ていると、少年は膝を曲げ、ヒトデを拾って海に投げました。それから少年はまた同じことを繰り返しました。そしてまた次も。

　男性は少年に近づくと、言いました。「君、どうしてこんなことをしているんだい？　この砂浜を見てごらん。いったいどれだけたくさんのヒトデがいることか！　君ががんばったところで変わらないよ！」

　しばらくの間、少年は悲しそうにしていました。けれどもそれから膝を曲げ、またヒトデを拾うと、できるだけ遠くへと海に投げました。「ほら、あのヒトデを変えることはできたよ」と少年は言いました。

　　　　　　　ローレンC. アイズリーの『星投げびと』（1978年）の改作

参考文献

Adams, T. (2008) 'Nursing People with Dementia and their Family Members.' In T. Adams (ed.) *Dementia Care Nursing*. London: Macmillan.

Ajzen, I. and Fishbein, M. (2005) 'The Influence of Attitudes on Behaviour.' In D. Albarracin, B.T. Johnson and M.P. Zanna (eds) The *Handbook of Attitudes*. Mahwah, NJ: Lawrence Erlbaum.

Alzheimer's Disease International (2009) *World Alzheimer Report*. Chicago, IL: International Federation of Alzheimer's Disease and Related Disorders Societies. Available at www.alz.co.uk/research/files/World AlzheimerReport.pdf, accessed on 27 March 2012.

Alzheimer's Society (2007) *Home from Home: Quality of Care for People with Dementia Living in Care Homes*. London: Alzheimer's Society.

Asch, S.E. (1951) 'Effects of Group Pressure upon the Modification and Distortion of Judgment.' In H. Guetzkow (ed.) *Groups, Leadership and Men*. Pittsburgh, PA: Carnegie Press.

AT Dementia (n.d.) *Information on Assistive Technology for People with Dementia*. Leicester: Trent Dementia Services Development Centre. Available at www.atdementia.org.uk/default.asp, accessed on 27 March 2012.

Ballard, C. and Aarsland, D. (2009) 'Person-centred care and care mapping in dementia.' *The Lancet – Neurology 8*, 4, 302–303.

BBC News (2008) *Dementia Patients' 'Right-to-Die'*. London: BBC. Available at http://news.bbc.co.uk/1/hi/health/7625816.stm, accessed on 26 March 2012.

Beckford, M. (2008) 'Baroness Warnock: Dementia sufferers may have a "duty to die".' *The Telegraph*. Available at www.telegraph.co.uk/news/uknews/2983652/Baroness-Warnock-Dementia-sufferers-may-have-aduty-to-die.html, accessed on 26 March 2012.

Bonaparte, Napolean. In P. Holden (1998) *The Excellent Manager's Companion*. Hampshire: Gowen Publishing Ltd.

Brooker, D. (2007) *Person-Centred Dementia Care: Making Services Better*. London: Jessica Kingsley Publishers.

ドーン・ブルッカー著　水野裕監修　村田康子・鈴木みずえ・中村裕子・内田達二訳『パーソン・センタード・ケア』クリエイツかもがわ　2010年

Brooker, D. and Surr, C. (2005) *Dementia Care Mapping: Principles and Practice*. Bradford: Bradford

Dementia Group.

Brooker, D., Foster, N., Banner, A., Payne, M. and Jackson, L. (1998) 'The efficacy of Dementia Care Mapping as an audit tool: Report of a 3-year British NHS evaluation.' *Aging and Mental Health 2*, 1, 60–70.

Bryden, C. (2005) *Dancing with Dementia*. London: Jessica Kingsley Publishers.
クリスティーン・ブライデン著　馬籠久美子・桧垣陽子訳『私は私になっていく−認知症とダンスを−』(改訂新版) クリエイツかもがわ　2012 年

Chalfont, G. (2008) *Design for Nature in Dementia Care*. London: Jessica Kingsley Publishers.

Chenoweth, L., King, M.T., Jeon, Y.H., Brodaty, H., Stein-Parbury, J., Haas, M., *et al.* (2009) 'Caring for Aged Dementia Care Resident Study (CADRES) of person-centred dementia care, dementia-care mapping, and usual care in dementia: A cluster-randomised trial.' *The Lancet – Neurology 8*, 4, 317–325.

Christian, D. (1997) 'Protecting her personal source of love.' *Journal of Dementia Care 5*, 4, 24–25.

Clarke, C.L., Wilkinson, H., Keady, J. and Gibb, C. (2011) *Risk Assessment and Management for Living Well with Dementia*. London: Jessica Kingsley Publishers.

Department of Health (2009) *Living Well with Dementia: A National Dementia Strategy*. London: Department of Health.

Eisley, L.C. (1978) *The Star Thrower*. New York: Times Books (Random House).

Festinger, L. (1957) *A Theory of Cognitive Dissonance*. Stanford, CA: Stanford University Press.

Fossey, J. and James, I. (2008) *Evidence-based Approaches for Improving Dementia Care in Care Homes*. London: Alzheimer's Society.

Iuppa, N.V. (1986) *Management by Guilt and Other Uncensored Tactics*. New York: Fawcett Crest.

Jolley, D. (2005) 'Why Do People with Dementia Become Disabled?' In M. Marshall (ed.) *Perspectives on Rehabilitation and Dementia*. London: Jessica Kingsley Publishers.

King's Fund (1986) *Living Well into Old Age: Applying Principles of Good Practice to Services for People with Dementia*. London: King's Fund.

Kitwood, T. (1993) 'Person and process in dementia.' *International Journal of Geriatric Psychiatry 8*, 7, 541–545.

Kitwood, T. (1995) 'Cultures of Care: Tradition and Change.' In T. Kitwood and S. Benson (eds) *The New Culture of Dementia Care*. London: Hawker.

Kitwood, T. (1997) *Dementia Reconsidered*. Buckingham: Open University Press.

トム・キットウッド著　高橋誠一訳『認知症のパーソンセンタードケア－新しいケアの文化へ』クリエイツかもがわ　2017 年

Kitwood, T. and Benson, S. (eds) (1995) *The New Culture of Dementia Care.* London: Hawker.

Kitwood, T. and Bredin, K. (1992a) 'Towards a theory of dementia care: Personhood and well-being.' *Ageing and Society 12*, 3, 269–287.

Kitwood, T. and Bredin, K. (1992b) *Person to Person: A Guide to the Care of Those with Failing Mental Powers.* Loughton: Gale Centre Publications.

トム・キットウッド　キャスリーン・ブレディン著　高橋誠一監訳　寺田真理子訳『認知症の介護のために知っておきたい大切なこと－パーソンセンタードケア入門』ブリコラージュ　2018 年

Kolb, D. (1983) *Experiential Learning: Experience as the Source of Learning and Development.* New Jersey: Prentice Hall.

Littlechild, R. and Blakeney, J. (1996) 'Risk and Older People.' In H.

Kemshall and J. Pritchard (eds) *Good Practice in Risk Assessment and Risk Management, Volume 1.* London: Jessica Kingsley Publishers.

Martin, G.W. and Younger, D. (2001) 'Person-centred care for people with dementia: A quality audit approach.' *Journal of Psychiatric and Mental Health Nursing* 8, 443–448.

May, H., Edwards, P. and Brooker, D. (2009) *Enriched Care Planning for People with Dementia.* London: Jessica Kingsley Publishers.

Mental Capacity Act (2005) London: HMSO.

Mental Health Act (2007) London: HMSO.

Meyer, P.J. (2003) 'What Would You Do If You Knew You Couldn't Fail? Creating S.M.A.R.T. Goals.' In P.J. Meyer, *Attitude Is Everything! If You Want to Succeed Above and Beyond.* Waco, TX: Meyer Resource Group.

Murphy, C. (1994) *It Started with a Seashell.* Stirling: Dementia Services Development Centre.

National Audit Office (2010) *Improving Dementia Services in England: An Interim Report.* London: National Audit Office.

National College for School Leadership (2006) *Network Leadership in Action: Getting Started with Networked Learning Study-Visits.* Nottingham: National College for School Leadership Networked Learning Communities. Available at http://networkedlearning.ncsl.org.uk/collections/networkleadership-in-action/getting-started-with-networked-learning-studyvisitsbook-1.pdf, accessed on 26 March 2012.

National Institute for Health and Clinical Excellence (NICE) and the Social Care Institute for Excellence (SCIE) (2007) *Dementia: Supporting People with Dementia and Their Carers in Health and Social Care* (NICE clinical practice guideline 42: NICE/SCIE 2006). Leicester: The British Psychological Society.

Niebuhr, R. (1987) 'Serenity Prayer.' In Robert McAfee Brown (ed.) *The Essential Reinhold Niebuhr: Selected Essays and Addresses*. New Haven, CT: Yale University Press.

Nuffield Council on Bioethics (2009) *Dementia: Ethical Issues*. London: Nuffield Council on Bioethics.

Pool, J. (2007) *The Alzheimer's Society Guide to the Dementia Care Environment*. London: Alzheimer's Society.

Schön, D. (1987) *Educating the Reflective Practitioner*. San Francisco, CA: Jossey-Bass.

Sheard, D.M. (2007) *Being – An Approach to Life and Dementia*. London: Alzheimer's Society.

Sheard, D.M. (2008) *Inspiring – Leadership Matters in Dementia Care*. London: Alzheimer's Society.

Social Care Institute for Excellence (SCIE) (2009) 'What Dementia Is and What It Isn't.' In SCIE, *The Open Dementia Programme*. London: Social Care Institute for Excellence. Available at www.scie.org.uk/assets/elearning/dementia/dementia01/resource/flash/index.html, accessed on 26 March 2012.

Sparks, D. (2004) 'From hunger aid to school reform: An interview with Jerry Sternin.' *Journal of Staff Development 25*, 1, 46–51. Available at www.positivedeviance.org/pdf/publications/From%20Hunger%20and%20Aid%20to%20School%20Reform.pdf, accessed on 27 March 2012.

Sternin, J. (2002) 'Positive deviance: A new paradigm for addressing today's problems today.' *Journal of Corporate Citizenship 5*, 57–62.

Stokes, G. (2000) *Challenging Behaviour in Dementia: A Person-Centred Approach*. Bicester: Speechmark Publishing.

Stokes, G. (2008) *And Still the Music Plays*. London: Hawker Publications.

Walker, B. and Manterfield, S. (2010) *A Little Book of Care Planning*. Nottingham: Walker-Manterfield Associates.

Webb, G. (1995) 'Reflective practice, staff development and understanding.' *Studies in Continuing Education* 17, 1–2, 70–77.

Williams, J. and Rees, J. (1997) 'The use of "Dementia Care Mapping" as a method of evaluating care received by patients with dementia: An initiative to improve quality of life.' *Journal of Advanced Nursing 25*, 316–323.

York-Barr, J., Sommers W.A. and Ghere G.S. (2006) Reflective Practice to *Improve Schools*: An Action Guide for Educators. Thousand Oaks, CA: Corwin Press.

訳者あとがき

『認知症の介護のために知っておきたい大切なこと〜パーソンセンタードケア入門』の出版以来十年以上にわたり、講演やワークショップを通してパーソンセンタードケアを伝え続けてきました。そんななか、受講者が現場で実践する支援を提供できないかと考えてきました。自分だけやる気があっても、周囲が協力してくれなければ現場を変えていくことはできません。そのための詳しい方法や、自分自身の気持ちを保ち、周囲を感化する方法を伝えたい……。思いが強まるなか、まさにうってつけの本書を見つけて心が躍りました。こうして日本の読者の皆様にお届けできることを心からうれしく思います。

パーソンセンタードケアで問われるのは、何を「する」かではなく、どういう存在で「ある」かです。何をするかであればマニュアル化もできますが、あり方についてはそうはいきません。だからこそ難しいのです。心理学やコーチングなど、介護以外の知識も求められます。本書はそれらを網羅し、豊富な現場の事例を通して、何をどう変えていけるのかを教えてくれます。

誰にとってもメリットがない常識や慣習なのに、気づかずに縛られていることは多いものです。そんな常識や慣習を疑い、打破していく著者の柔軟さや軽やかさが、きっと読者の皆様の背中を押してくれるでしょう。

本書の中で私が特に目を引かれたのは、98頁のカーラの事例です。よくない実践をしていた職員を叱りつけるのではなく、必要な教育をしていなかったと詫びるこの態度こそ、パーソンセンタードケアを体現しているのではないでしょうか。この事例から連想するエピソードがふたつあります。

ひとつは、禅の高僧である山本玄峰老師のエピソードです。『致知』2017年10月号「自反尽己」から引用します。

〈禅の名僧、山本玄峰老師があるところで講演した。
それを聴いていた刑務所の所長が、この話をぜひ受刑者たちに聴かせたいと思い、刑務所のすぐ近くだから、ちょっと寄って話をしてほしいと頼んだ。だが、次の予定があると侍者は断った。
玄峰老師はそれを制して、十分くらいなら、と刑務所に立ち寄ることにした。

にわかに集められた受刑者たちはざわめいていたが、その人たちを前に玄峰老師は開口一番、「済まんかったなぁ」と謝ったという。
　仏法という素晴らしい教えがあるのに、坊さんが怠けて広めないでいるために、皆さんにこんな不自由をさせてしまっている、本当に申し訳ない、と詫びたのである。
　会場は静まり返り、涙する姿があちこちに見られたという。
　見知らぬ人たちが罪を犯したことも自分の責任と捉え、自分ができる精一杯を尽くす。
　玄峰老師は自反尽己に徹した人であったのだ。
　（注：自反尽己とは、すべてを自分の責任と捉え、自分の全力を尽くすこと。）〉

　もうひとつは、私のカウンセリングの母校である、日本メンタルヘルス協会代表の衛藤信之先生のエピソードです。

　ある講師の方が、かつて衛藤先生にこう尋ねたそうです。「もし自分の講義中に寝ている受講生がいたら、先生はどう思いますか」。衛藤先生は答えました。「申し訳ないと思うでしょうね」。講師は意味がわからずに訊き返します。「申し訳ないとはどういうことでしょうか」。自分が講義をしているのに寝るなんて、と怒るならいざ知らず、どうして申し訳ないのか理解できなかったのです。衛藤先生は教えてくれました。「忙しいなか、疲れているなかを来てくれてたのに、目の覚めるような話をしてあげられなくて申し訳ない、という意味です」。

　山本玄峰老師に通じるエピソードだと思いませんか。
　禅と心理学と、それぞれ分野は違いますが、パーソンセンタードケアの姿勢をお二方から学びました。読者の皆様にお福分けさせていただきます。
　最後になりますが、本書が日本の現場の皆様のお力になってくれることを心より願っております。いつかどこかでお目にかかる機会があれば、皆様の実践についてぜひお話を聴かせてください。そのときを楽しみにしています。

寺田 真理子

〔著 者〕
●バズ・ラヴデイ *Buz Loveday*
　イギリス認知症トレーナー協会（www.dementiatrainers.co.uk）代表。パーソンセンタードケア専門の主席トレーナー
　1991年以来、公的、民間セクターの介護施設、在宅介護サービス、デイセンター、住宅建設計画、病院、社会福祉部門、介護者グループ等の支援サービスを含むさまざまな組織のスタッフおよび管理者数千人の訓練を実施
　認知症ケアリーダーのためのプログラムを含む多くの認定トレーニングコースを運営。NHS（国民保健サービス）やSCIE（ソーシャルケア評価機構）に専門家として寄稿。2005年〜2007年にかけて、ソーシャルケア査察委員会（現在はケアの質委員会に名称変更）の査察官に全国的な認知症トレーニングプログラムを提供
　トム・キッドウッド他との共著に"Improving Dementia Care"がある
　ロンドン在住

〔監訳者〕

●髙橋 誠一 Takahashi Seiichi
東北福祉大学総合マネジメント学部教授。NPO法人全国コミュニティライフサポートセンター（CLC）理事。NPO法人のぞみ会理事。パーソンセンタードケア研究会世話人
主な著書・訳書
『生活支援コーディネーターと協議体』（共著・CLC）
『生活支援コーディネーター養成テキスト』（共著・CLC）
『認知症のパーソンセンタードケア新しいケアの文化へ』（訳・クリエイツかもがわ）
『バリデーション・ブレイクスルー－認知症ケアの画期的メソッド－』（監訳 CLC）

〔訳　者〕

●寺田 真理子 Terada Mariko
日本読書療法学会会長（日本読書療法学会：http://www.bibliotherapy.jp/）
パーソンセンタードケア研究会講師（パーソンセンタードケア研究会：http://www.clc-japan.com/pcc/）
日本メンタルヘルス協会公認心理カウンセラー
長崎県出身。幼少時より南米諸国に滞在。東京大学法学部卒業。著書や訳書、全国各地での講演活動を通じて認知症のパーソンセンタードケアの普及に力を入れており、介護施設や病院の研修、介護・福祉関連団体主催セミナーでの講演で多数の実績がある。
主な著書・訳書
『パーソンセンタードケア講座』（CLC）、訳書に『認知症の介護のために知っておきたい大切なこと－パーソンセンタードケア入門』（ブリコラージュ）『私の声が聞こえますか～認知症がある人とのコミュニケーションの可能性を探る』（雲母書房）『パーソンセンタードケアで考える認知症ケアの倫理』『認知症を乗り越えて生きる』（以上、クリエイツかもがわ）など多数。

リーダーのためのパーソンセンタードケア
認知症介護のチームづくり

発行日	2018年11月30日　初版　第1刷
著　者	バズ・ラヴデイ
監訳者	髙橋 誠一
訳　者	寺田 真理子
発　行	全国コミュニティライフサポートセンター（CLC） 〒981-0932 宮城県仙台市青葉区木町16-30　シンエイ木町ビル1F TEL 022-727-8730　FAX 022-727-8737 http://www.clc-japan.com/

編集協力・制作	七七舎
装　幀	原田恵都子（Harada + Harada）
印　刷	モリモト印刷株式会社

ISBN978-4-904874-60-8